経済学の基礎学力

佐々木 謙一 著

学びはドリルからはじまる

大学教育出版

まえがき

　著者が大学を卒業してからちょうど13年が経った．大学卒業後，専修学校の専任講師として就職したが，退職して大学院で研究活動を始め，大学院を修了した3年前より大阪商業大学に奉職させて頂いている．その間，大学を取り巻く環境は大きく変わり18歳人口の減少や就職氷河期が続き，筆者も含めた団塊ジュニア世代が大学に在籍していた頃と比べて，大学で資格取得講座や公開講座等を盛んに開かれるようになった．筆者が通常講義の他に担当する公務員受験対策もその一つであろう．

　着任当初，1年生配当科目である基礎経済学と総合教養Bの講義で数学に関する基礎学力調査を実施した．その結果，2次方程式の解を求めることや一次関数のグラフを描くことができない学生が半数近くいた．この状況において多くの学生から経済学の理解を得るためには，基礎的な数学の復習を欠くことはできない．さらに，学生が講義内容をより深く理解するためには，学生自身が自分で考え最後までやり遂げる力を養う必要がある．著者は，このような学力を養うには講義内容に関する宿題を毎回出して自分で考える習慣を身に着けることが効果的であると考え，受講生へ課した宿題や試験の採点と受講生からの質問を受けることを通じて，講義内容や指導方法を改善するように努めている．教員が最近の大学生の学力を十分配慮することなく講義を進め，安易に単位認定を行っても，昨今問題となっている学力低下や就職しない若者の増加等の解決につながらない．

　本書は，基礎的な経済学と数学を自学自習できるようにドリル方式でまとめた．ドリルとは知識を取得するための反復練習であり，著者自身，経済学という専門科目をこの方法で学習することが適切でないことを承知している．しか

し，著者は読者のみなさまの基礎学力定着を切に願い，経済学に関してはマクロ経済学とミクロ経済学の教科書の導入部分に，数学に関しては中学校レベルの内容に，それぞれ限定しドリル方式でまとめることを試みた．経済学を知らなくても中学数学を多少使える読者の方々であれば，本書の設問を攻略できるようにした．ドリルに取り掛かる前に経済学の専門用語とそれに関連した計算問題の一例を解説してある．その解説に即して読者のみなさまが問題演習を行うことができるようにまとめた．また，算数・数学の得意でない読者の方々にも一人でやり遂げることができるように，答えを導く過程で，移項，小数のかけ算，カッコのはずし方等を明示する形で解説し細心の注意を払った．本書を使う際は，不用紙の余白でも構わないので，必ず計算途中を書き出すことやグラフを描くことをご自身でやってみることが大切である．

　公務員試験や経済学検定等では計算問題が出され，入門レベルの経済学の教科書には基礎的な算数・数学が用いられる．これから各種資格試験対策として経済学の勉強を始める方や，学部1年生向けの講義で使用するテキストを読み解きたい方が，本書を活用し経済学の基礎学力を養成して頂きたい．

　著者の教育研究活動をご理解して頂き，いつも刺激を与え，激励してくださっているのは，大阪商業大学キャリアサポート室で行われている公務員試験対策で，受講生を熱心にご指導なされている永井久晴先生と山内康弘先生である．著者の講義内容の一部を本書としてまとめることができたのは，両先生のお力添えによるところが大きい．ここに記して深い感謝の意を表する．

　また，大阪商業大学を今春卒業された谷雅史君，吉田宏行君，溝渕史興君には，著者が原稿を執筆した段階で拙稿を精査して頂いた．本書のために，残り少なくなった大学生としての貴重な時間を費やし，今まで積み重ねた経済学の知識を活かして設問の解答をつぶさに確認して頂いた．本当にありがとう．

　末筆ながら，本書の企画出版を強く推し進めてくださった（株）大学教育出版の佐藤守氏に，心より厚く御礼申し上げる．

2007年3月

佐々木　謙一

経済学の基礎学力
―学びはドリルからはじまる―

目　次

まえがき ·· i

第Ⅰ部　マクロ経済学の基礎 ·· 1

第1章　総供給と総需要 ··· 2
1. 総供給　*2*
2. 総需要　*12*
3. 財市場の均衡　*18*

第2章　財市場における乗数効果 ································ *42*
1. 乗数　*42*
2. インフレギャップ　*72*
3. デフレギャップ　*77*

第3章　投資関数とIS曲線 ··· *82*
1. 投資の限界効率　*82*
2. 投資関数　*87*
3. 割引現在価値　*97*
4. IS曲線　*101*

第4章　貨幣市場とLM曲線 ······································· *108*
1. 貨幣供給　*108*
2. 貨幣需要　*117*
3. 貨幣市場の均衡とLM曲線　*123*
4. IS曲線とLM曲線　*127*

第Ⅱ部　ミクロ経済学の基礎 ……………………………………… *135*

第5章　需要と供給 ………………………………………………… *136*
1. 需要　*136*
2. 供給　*147*
3. 市場均衡　*156*
4. 自由貿易　*163*

第6章　余　　剰 …………………………………………………… *170*
1. 消費者余剰　*170*
2. 生産者余剰　*177*
3. 市場均衡の余剰分析　*183*
4. 自由貿易の余剰分析　*188*

第7章　消費者行動 ………………………………………………… *194*
1. 消費者の予算　*194*
2. 消費者の効用　*201*

第8章　企業行動 …………………………………………………… *214*
1. 企業の収入　*214*
2. 企業の費用　*218*
3. 平均費用と限界費用　*224*
4. 企業の利潤最大化　*229*

参考文献 ……………………………………………………………… *233*

索　引 ………………………………………………………………… *234*

第 I 部

マクロ経済学の基礎

　経済学は，社会科学の一分野であり，社会で人々はどのような行動をとるか，あるいは，望ましい社会とは何かを社会科学の課題とし，社会における商品やサービスの交換を考える学問である．経済学は，マクロ経済学とミクロ経済学の2つに大別される．

　第 I 部ではマクロ経済学を取り扱う．マクロ経済学では，生産額，所得，支出額，貨幣量等を「一国全体」で捉えて分析する．特に，一国の経済の大きさを示す「国民所得」がどのように求めることができるのかについて重点を置く．

第1章

総供給と総需要

1. 総供給

(1) 粗付加価値と総供給

　企業はもうかりそうな商品やサービスを作って販売し，消費者は自分の好きなモノを買う．これらの行動が「**経済**」である．すなわち，経済とは，社会生活を営むための商品やサービスを交換する仕組みである．ここでは，商品やサービスを生産するという経済活動を一国全体で捉えることを学ぶ．

　一国全体の経済活動の大きさを表す指標として，**国内総生産**（GDP；Gross Domestic Product）または，**国民総生産**（GNP；Gross National Product）を用いる．これらの値は各産業の粗付加価値を一国全体で集計した値であり，一国の経済規模を的確に捉えた指標である．一国全体を生産活動の側面から捉えていることから「**総供給**」とも呼ばれる．**粗付加価値**とは，各産業の生産額から中間財取引額（原材料費）を差し引いた値である．本書では総供給の記号として Y^s を用いる．日本のGDP（またはGNP）は約500兆円である．

　　　　粗付加価値＝生産額－中間財取引額
　　　　総　供　給＝各産業の粗付加価値の合計

　例えば，農家，精肉業者，ステーキ屋から成るV国経済について考える．農家では肉用牛を育てる．製肉業者は農家からすべての肉用牛を買い取り，食用肉を精選する（精肉）．ステーキ屋は製肉業者からすべての精肉を買い取り，ステーキを生産する．この経済活動においてステーキは原材料として用いられることはない．この商品を**最終財**，または**最終生産物**という．ステーキ以外の肉

用牛や精肉は原材料として用いられているので，これらを**中間財**，または**中間生産物**という．

　農家における肉用牛の生産に関しては，中間財（原材料）がないと仮定し，各産業の生産額と中間財取引額が以下のように示される．

　　　　農家は肉用牛を生産し，精肉業者へ販売する．
　　　　　　生産額＝100万円　　中間財取引額＝0円

　　　　精肉業者は肉用牛を購入し，肉を精選して，ステーキ屋へ販売する．
　　　　　　生産額＝150万円　　中間財取引額＝100万円

　　　　ステーキ屋は精肉を購入し，肉を焼いて，お客様に販売する．
　　　　　　生産額＝300万円　　中間財取引額＝150万円

各産業の粗付加価値とV国の総供給を計算する．
　　農家の粗付加価値　　　　　　　　　　＝100万円－　　0円＝<u>100万円</u>
　　　農家の生産額は精肉業者の中間財取引額

　　精肉業者の粗付加価値　　　　　　　　＝150万円－100万円＝<u>50万円</u>
　　　精肉業者の生産額はステーキ屋の中間財取引額

　　ステーキ屋の粗付加価値　　　　　　　＝300万円－150万円＝<u>150万円</u>

　　V国の総供給（Y^s）
　　　＝農家の粗付加価値＋精肉業者の粗付加価値＋ステーキ屋の粗付加価値
　　　＝100万円　　　　＋50万円　　　　　　＋150万円
　　　＝<u>300万円</u>
　　　（粗付加価値の合計はステーキの総生産額に等しい）

[補講] なぜ，粗付加価値の合計で一国の経済活動の規模を捉えるのか？

各産業の生産額の合計を一国の経済活動の一国内における様々な生産物を金銭で図ることができるものの，中間財取引額が二重に計算されてしまう．例えば，前頁の農家と精業者の生産額がこれに相当する．したがって，一国の経済活動の大きさを示す指標として適切ではない．この問題を解決するには，総生産額から中間財取引額を差し引けばよい．この値が粗付加価値である．

【ドリル 1.1】

A, B, C, D の各国は，産業Ⅰ，産業Ⅱ，産業Ⅲから成り立つ．産業Ⅱは産業Ⅰの生産物を中間財として，産業Ⅲは産業Ⅱの生産物を中間財としてそれぞれ用いる．中間財取引額と生産額は以下のような数値が与えられている．各国の産業Ⅱ，産業Ⅲの中間財取引額，各国の各産業の粗付加価値と総供給（Y^s）を計算しなさい．

(A国)

	産業Ⅰ	産業Ⅱ	産業Ⅲ
中間財取引額	0		
生産額	20	50	125

(B国)

	産業Ⅰ	産業Ⅱ	産業Ⅲ
中間財取引額	0		
生産額	128	245	560

(C国)

	産業Ⅰ	産業Ⅱ	産業Ⅲ
中間財取引額	0		
生産額	389	492	1250

(D国)

	産業Ⅰ	産業Ⅱ	産業Ⅲ
中間財取引額	0		
生産額	500	632	1479

【ドリル 1.1：解答】

(A国)

産業Ⅱの中間財取引額は 20 万円（産業Ⅰの生産額と同額）

産業Ⅲの中間財取引額は 50 万円（産業Ⅱの生産額と同額）

産業Ⅰの粗付加価値　　　　　　　＝ 20 万円 －　　 0 円＝ <u>20 万円</u>

産業Ⅱの粗付加価値　　　　　　　＝ 50 万円 － 20 万円＝ <u>30 万円</u>

産業Ⅲの粗付加価値　　　　　　　＝125 万円 － 50 万円＝ <u>75 万円</u>

A国の総供給（Y^s）
　＝産業Ⅰの粗付加価値＋産業Ⅱの粗付加価値＋産業Ⅲの粗付加価値
　＝20 万円　　　　　＋30 万円　　　　　＋75 万円
　＝<u>125 万円</u>

(B国)

産業Ⅱの中間財取引額は 128 万円（産業Ⅰの生産額と同額）

産業Ⅲの中間財取引額は 245 万円（産業Ⅱの生産額と同額）

産業Ⅰの粗付加価値　　　　　　　＝128 万円 －　　 0 円＝128 万円

産業Ⅱの粗付加価値　　　　　　　＝245 万円 －128 万円＝117 万円

産業Ⅲの粗付加価値　　　　　　　＝560 万円 －245 万円＝315 万円

B国の総供給（Y^s）
　＝産業Ⅰの粗付加価値＋産業Ⅱの粗付加価値＋産業Ⅲの粗付加価値
　＝128 万円　　　　　＋117 万円　　　　　＋315 万円
　＝<u>560 万円</u>

(C国)

産業Ⅱの中間財取引額は389万円（産業Ⅰの生産額と同額）

産業Ⅲの中間財取引額は492万円（産業Ⅱの生産額と同額）

産業Ⅰの粗付加価値　　　　　　　　＝ 389万円 －　　0円＝389万円

産業Ⅱの粗付加価値　　　　　　　　＝ 492万円－389万円＝103万円

産業Ⅲの粗付加価値　　　　　　　　＝1250万円－492万円＝758万円

C国の総供給（Y^S）

　＝産業Ⅰの粗付加価値＋産業Ⅱの粗付加価値＋産業Ⅲの粗付加価値

　＝389万円　　　　　＋103万円　　　　＋758万円

　＝1250万円

(D国)

産業Ⅱの中間財取引額は500万円（産業Ⅰの生産額と同額）

産業Ⅲの中間財取引額は632万円（産業Ⅱの生産額と同額）

産業Ⅰの粗付加価値　　　　　　　　＝ 500万円 －　　0円＝500万円

産業Ⅱの粗付加価値　　　　　　　　＝ 632万円－500万円＝132万円

産業Ⅲの粗付加価値　　　　　　　　＝1479万円－632万円＝847万円

D国の総供給（Y^S）

　＝産業Ⅰの粗付加価値＋産業Ⅱの粗付加価値＋産業Ⅲの粗付加価値

　＝500万円　　　　　＋132万円　　　　＋847万円

　＝1479万円

（2） 総供給と国民所得

各産業で作った商品が売れ，粗付加価値が発生すると，各会社の経営者は，各会社の経済活動に貢献した人，すなわち，働いた人（労働者），お金を貸した人（資本家），土地を貸した人（土地保有者）の各々の所得として分配する．その他にも，経営者は，新しい工業の建設するための貯蓄，生産活動で稼働した機械の減価分，あるいは税金を納めるのに使う．これを一国全体で考えると，粗付加価値の合計は，家計，企業，政府の所得，すなわち，国民全体の所得である．これを「**国民所得**」と呼ぶ．粗付加価値の合計は総供給であるので，総供給は国民所得と同じ値になる．本書では国民所得の記号として Y を用いる．

$$総供給（Y^S）＝国民所得（Y）$$

$Y^S = Y$ のグラフを描くために，Y と Y^S との関係を調べると，

$Y=0$ の時，$Y^S=0$

$Y=1$ の時，$Y^S=1$

$Y=2$ の時，$Y^S=2$

$Y=3$ の時，$Y^S=3$

この数値をそれぞれ座標軸にとり，直線で結ぶと，$Y^S = Y$ のグラフを描くことができる．

傾き：Y が 1 だけ増加した時の Y^S の変化量

タテ軸切片：$Y=0$ を代入した時の Y^S の値

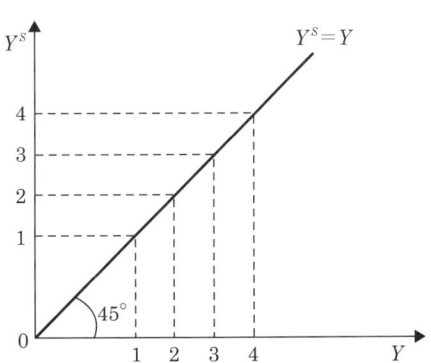

傾きとはヨコ軸の変数（ここでは Y）が 1 つ増えた時，タテ軸の変数がいくつ増えるかである．ここでは，ヨコ軸は Y，タテ軸は Y^S を取っているので，Y

が 1 つ増えたら Y^s は 1 つ増えていることがわかる．また，タテ軸切片とは，ヨコ軸の変数の値を 0 とした時のタテ軸の値である．したがって，$Y^s=Y$ について，傾きは 1，タテ軸切片は 0 であり，ヨコ軸となす角度が 45 度となっている．このことから，総供給のグラフを **45 度線** と呼ぶ．

なお，$(Y, Y^s)=(0, 0)$ を原点という．

ここで，2 変数 (x, y) に関する直線のグラフ $y=ax+b$（a, b は定数）について整理する．座標軸は，ヨコ軸に x，タテ軸に y をとる．傾きとは，x が 1 つ増えることによる y の増減分であり，a に相当する値である．タテ軸切片は，$x=0$ を $y=ax+b$ に代入した値であり，b に相当する値である．

$a>0, b>0$ の場合，$y=ax+b$ のグラフを描くと下のようになる．

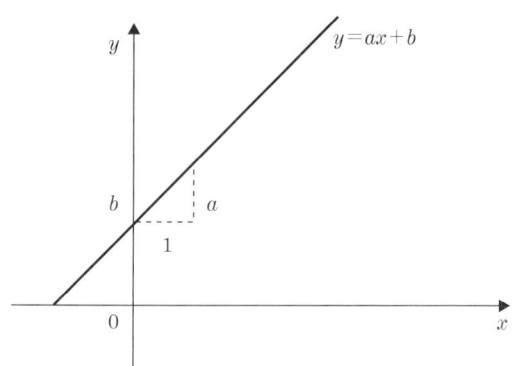

なお，傾きは以下の式で求めることができる．

$$\text{傾き}\ (a)=\frac{y\,\text{の変化分}}{x\,\text{の変化分}}$$

変化分とは，変化後の値から変化前の値を引いた値である．

【ドリル 1.2】

(1)から(4)の式について，表の空欄を埋め，タテ軸に y，ヨコ軸に x をとり，グラフを描きなさい．ただし，グラフを描く際は，必ずタテ軸切片と任意の1点を明示すること．

(1) $y=x$ のグラフを描きなさい．

x	0	1	2	3	4
y					

(2) $y=2x$ のグラフを描きなさい．

x	0	1	2	3	4
y					

(3) $y=x+1$ のグラフを描きなさい．

x	0	1	2	3	4
y					

(4) $y=\dfrac{1}{2}x$ のグラフを描きなさい．

x	0	1	2	3	4
y					

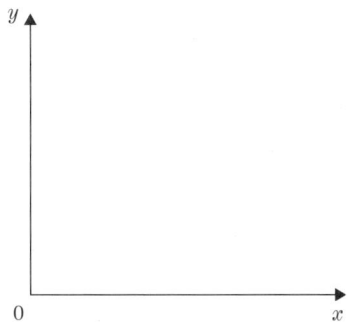

【ドリル1.2：解答】

(1) $y=x$

x	0	1	2	3	4
y	0	1	2	3	4

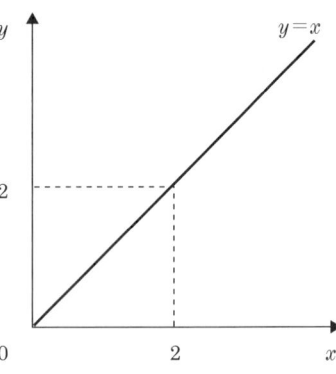

(2) $y=2x$

x	0	1	2	3	4
y	0	2	4	6	8

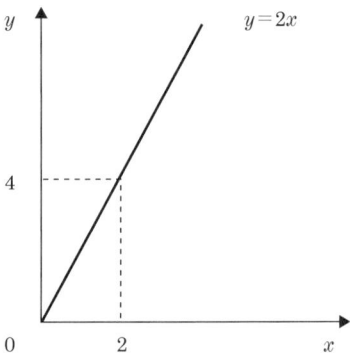

(3) $y=x+1$

x	0	1	2	3	4
y	1	2	3	4	5

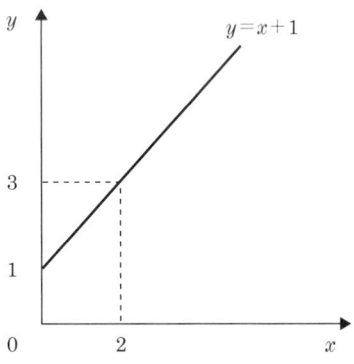

(4) $y = \dfrac{1}{2}x$

x	0	1	2	3	4
y	0	0.5	1	1.5	2

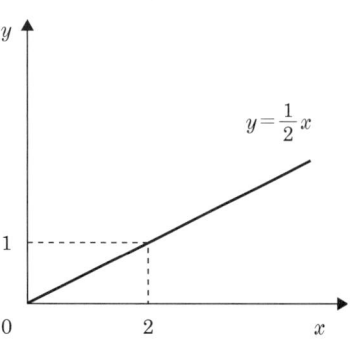

[補講] $y=-x$ について

$x=0, -1, -2, -3, -4$ について，それぞれ y の値を求めると以下のようになる．

x	0	-1	-2	-3	-4
y	0	1	2	3	4

傾きは -1 で原点 $(0, 0)$ を通る直線のグラフである．

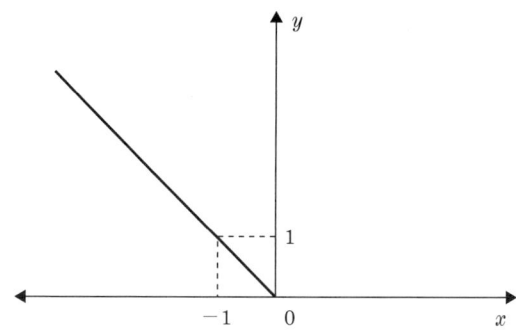

傾きがマイナスの値をとる時は，グラフは右下がりとなる．

2. 総需要

総需要 とは，一国の各経済部門（家計・企業・政府・海外）の支出の合計である．家計部門の支出を消費，企業部門の支出を投資，政府部門の支出を政府支出，海外部門の支出を純輸出（輸出－輸入）と呼ぶ．本書では，総需要を Y^D，消費を C，投資を I，政府支出を G，輸出を X，輸入を M という記号をそれぞれ用いることにする．

一国の経済活動に参加する経済部門の数によって，総需要の式が異なる．具体的には，以下の三種類の総需要が記述される．

$$\text{家計と企業} : Y^D = C + I$$
$$\text{家計と企業と政府} : Y^D = C + I + G$$
$$\text{家計と企業と政府と海外} : Y^D = C + I + G + X - M$$

消費は，所得の大きさに依存するため，$C = 0.8Y + 100$ または，$C = 0.8(Y-T) + 100$ で表される．T は租税を表しており，$Y - T$ は所得から租税を引いた値，すなわち，**可処分所得**である．0.8 は，新たな国民所得の1単位増加に対する消費支出の増加分であり，この値を**限界消費性向**という．例えば，10,000円所得が増額された時，限界消費性向×新たな所得増額分，すなわち，$0.8 \times 10{,}000$ 円（$= 8{,}000$ 円）だけ消費が増える．100 は，所得がまったく無くても消費しなければならない消費額である．言い換えれば，生活していく上で必要不可欠な消費額である．これを**基礎消費**と呼ぶ．

例えば，総需要：$Y^D = C + I$，消費：$C = 0.8Y + 100$，投資：$I = 50$ の場合，一国内の経済活動に参加する経済部門は，家計と企業のみである．総需要の式に消費と投資を代入すると，総需要は次のように導出できる．

$$\begin{aligned} Y^D &= C + I \\ &= 0.8Y + 100 + 50 \\ &= 0.8Y + 150 \end{aligned}$$

総需要の式に関して，傾きは Y が1つ増えることによる Y^D の増減分である．すなわち，ここでは Y を1ずつ増やしていくと 0.8 ずつ増えていく．また，タテ軸切片の値は，Y に 0 を代入した時の Y^D の値である．すなわち，ここでは 150 である．実際に，$Y=0, 1, 2, \cdots, 10$ を $Y^D = 0.8Y + 150$ に代入して Y^D の値を求め，$Y^D = 0.8Y + 150$ のグラフを描くと，次のようになる．

国民所得	0	1	2	3	4	5	6	7	8	9	10
総需要	150	150.8	151.6	152.4	153.2	154	154.8	155.6	156.4	157.2	158

傾き：0.8

タテ軸切片：150

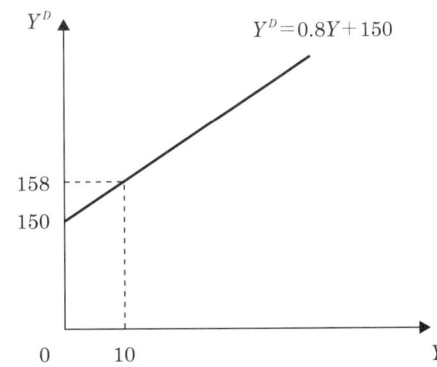

【ドリル 1.3】

以下のような総需要の式が与えられるとき，その経済活動に参加する経済部門をすべて挙げなさい．また，総需要の式を算出し，各問に関して以下の表を作成し，国民所得の値 0 から 10 に相当する値を求め，座標軸上に総需要のグラフを描きなさい．座標はタテ軸に Y^D，ヨコ軸に Y（国民所得）をとる．

(1) $Y^D = C + I$

　　消費：$C = 0.5Y + 100$
　　投資：$I = 100$

(2) $Y^D = C + I + G$

　　消費　　：$C = 0.75(Y - T) + 20$
　　投資　　：$I = 70$
　　政府支出：$G = 30$
　　租税　　：$T = 40$

(3) $Y^D = C + I + G + X - M$

　　消費　　：$C = 0.8(Y - T) + 80$
　　投資　　：$I = 110$
　　政府支出：$G = 60$
　　租税　　：$T = 50$
　　輸出　　：$X = 100$
　　輸入　　：$M = 0.1Y + 20$

(1)

国民所得	0	1	2	3	4	5	6	7	8	9	10
総需要											

(2)

国民所得	0	1	2	3	4	5	6	7	8	9	10
総需要											

(3)

国民所得	0	1	2	3	4	5	6	7	8	9	10
総需要											

【ドリル 1.3：解答】

(1) $Y^D=C+I$ より，参加する経済部門は，家計と企業の2つである．

総需要の式は，$Y^D=C+I$ に $C=0.5Y+100$，$I=100$ を代入すると求まる．

$Y^D= 0.5Y+100+100$

したがって，総需要の式は，$Y^D=0.5Y+200$ である．

$Y= 0, 1, 2, \cdots, 10$ を $Y^D=0.5Y+200$ に代入して，総需要の値を求めると以下のようになる．

国民所得	0	1	2	3	4	5	6	7	8	9	10
総需要	200	200.5	201	201.5	202	202.5	203	203.5	204	204.5	205

傾き：0.5

タテ軸切片：200

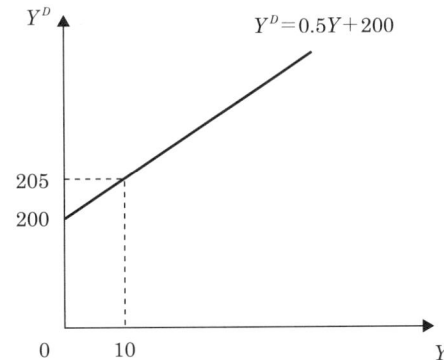

(2) $Y^D=C+I+G$ より,参加する経済部門は,家計,企業,政府の3つである.

総需要の式は,$Y^D=C+I+G$ に $C=0.75(Y-T)+20$, $I=70$, $G=30$ を代入すると,$Y^D=0.75(Y-T)+20+70+30$

これに,$T=40$ を代入すると,

$Y^D=0.75(Y-40)+20+70+30$

$Y^D=0.75Y-40\times0.75+20+70+30$

$Y^D=0.75Y-30+20+70+30$

$Y^D=0.75Y+90$

したがって,総需要の式は,$Y^D=0.75Y+90$ である.

$Y=0, 1, 2, \cdots, 10$ を $Y^D=0.75Y+90$ に代入して,総需要の値を求めると以下のようになる.

国民所得	0	1	2	3	4	5	6	7	8	9	10
総需要	90	90.75	91.5	92.25	93	93.75	94.5	95.25	96	96.75	97.5

傾き:0.75

タテ軸切片:90

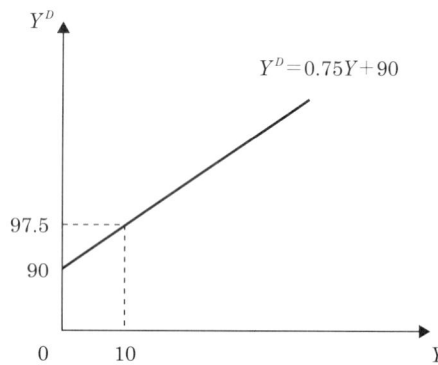

(3) $Y^D=C+I+G+X-M$ より，参加する経済部門は，家計，企業，政府，海外の4つである．

総需要の式は，$Y^D=C+I+G+X-M$ に $C=0.8(Y-T)+80$，$I=110$，$G=60$，$X=100$，$M=0.1Y+20$ を代入すると，

$Y^D=0.8(Y-T)+80+110+60+100-(0.1Y+20)$

これに，$T=50$ を代入すると，

$Y^D=0.8(Y-50)+80+110+60+100-(0.1Y+20)$

$Y^D=0.8Y-50\times0.8+80+110+60+100-0.1Y-20$

$Y^D=0.7Y-40+80+110+60+100-20$

$Y^D=0.7Y+290$

したがって，総需要の式は，$Y^D=0.7Y+290$ である．

$Y=0, 1, 2, \cdots, 10$ を $Y^D=0.7Y+290$ に代入して，総需要の値を求めると以下のようになる．

国民所得	0	1	2	3	4	5	6	7	8	9	10
総需要	290	290.7	291.4	292.1	292.8	293.5	294.2	294.9	295.6	296.3	297

傾き：0.7
タテ軸切片：290

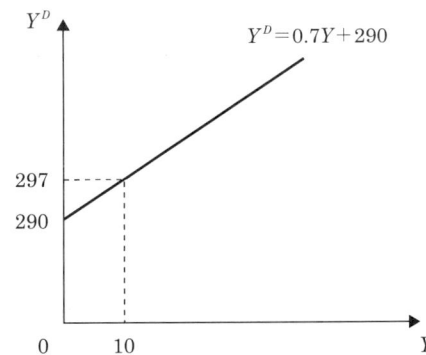

3. 財市場の均衡

財市場とは商品やサービスを取引する市場である．財市場が均衡するとは，総供給と総需要とが等しくなることである．その条件を満たすように国民所得が決まるとき，その値を**均衡国民所得**という．

   財市場の均衡：総供給＝総需要
        Y^S Y^D

以下では，経済活動に参加する経済部門の数に応じて財市場の均衡を考えていく．（参加する経済部門の数で総需要の式が異なることについては12ページを参照のこと）

（1）参加する経済部門が家計と企業の場合

この場合，総需要の式は，$Y^D=C+I$ である．例えば，以下のような経済モデルが，このケースに相当する．

  財市場の均衡：（総供給）＝（総需要）
  総供給 ：$Y^S=Y$
  総需要 ：$Y^D=C+I$
  消費   ：$C=0.8Y+100$
  投資   ：$I=50$

はじめに，総需要の式を算出するために，$Y^D=C+I$ に，$C=0.8Y+100$，$I=50$ を代入する．

  $Y^D=0.8Y+100+50$
 $Y^D=0.8Y+150$

これを用いて，均衡国民所得を求めることができる．

  財市場の均衡条件（総供給）＝（総需要）より，
      Y^S = Y^D

$Y^S = Y$, $Y^D = 0.8Y + 150$ より,

$$Y = 0.8Y + 150$$
$$Y - 0.8Y = 150$$
$$0.2Y = 150$$
$$Y = 750$$

したがって，均衡国民所得は 750 である．

 $Y^S = Y$, $Y^D = 0.8Y + 150$ のグラフを描くと以下のようになり，均衡国民所得 750 は，Y^S と Y^D との交点で決まる．

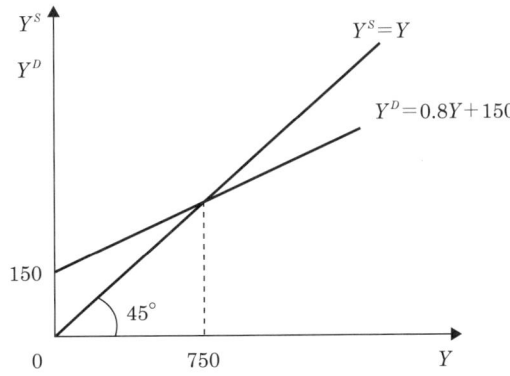

【ドリル1.4】

次の(1)から(3)に関して、総需要の式を算出し、均衡国民所得を求めなさい。さらに、グラフのタテ軸に Y^S または Y^D、ヨコ軸に Y をとり、総供給と総需要のグラフを描き、均衡国民所得を明示しなさい。

(1) 財市場の均衡：（総供給）＝（総需要）
　　総供給　　：$Y^S = Y$
　　総需要　　：$Y^D = C + I$
　　消費　　　：$C = 0.5Y + 20$
　　投資　　　：$I = 50$

(2) 財市場の均衡：（総供給）＝（総需要）
　　総供給　　：$Y^S = Y$
　　総需要　　：$Y^D = C + I$
　　消費　　　：$C = 0.75Y + 30$
　　投資　　　：$I = 100$

(3) 財市場の均衡：（総供給）＝（総需要）
　　総供給　　：$Y^S = Y$
　　総需要　　：$Y^D = C + I$
　　消費　　　：$C = cY + A$　　$(0 < c < 1,\ A > 0)$
　　投資　　　：$I = I_0$　　　　$(I_0 > 0)$

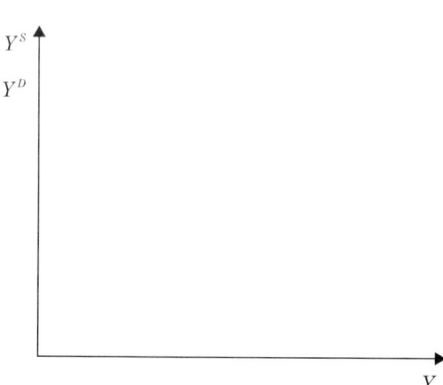

【ドリル1.4：解答】

(1) 総需要は，$Y^D = C + I$ に，$C = 0.5Y + 20$，$I = 50$ を代入すると求まる．

$Y^D = 0.5Y + 20 + 50$

$Y^D = 0.5Y + 70$

財市場の均衡条件（総供給）=（総需要）より，

$$Y^S = Y^D$$

$Y^S = Y$，$Y^D = 0.5Y + 70$ より，

$$Y = 0.5Y + 70$$

$Y - 0.5Y = 70$

$0.5Y = 70$

$Y = 140$

したがって，均衡国民所得は 140 である．

$Y^S = Y$，$Y^D = 0.5Y + 70$ のグラフを描くと以下のようになり，均衡国民所得 140 は，Y^S と Y^D との交点で決まる．

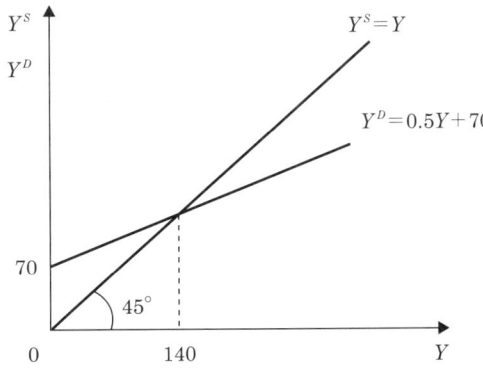

(2) 総需要は，$Y^D=C+I$ に，$C=0.75Y+30$，$I=100$ を代入すると求まる．

$Y^D=0.75Y+30+100$

$Y^D=0.75Y+130$

財市場の均衡条件（総供給）＝（総需要）より，

$$Y^S = Y^D$$

$Y^S=Y$，$Y^D=0.75Y+130$ より，

$$Y=0.75Y+130$$
$$Y-0.75Y=130$$
$$0.25Y=130$$
$$Y=520$$

したがって，均衡国民所得は 520 である．

$Y^S=Y$，$Y^D=0.75Y+130$ のグラフを描くと以下のようになり，均衡国民所得 520 は，Y^S と Y^D との交点で決まる．

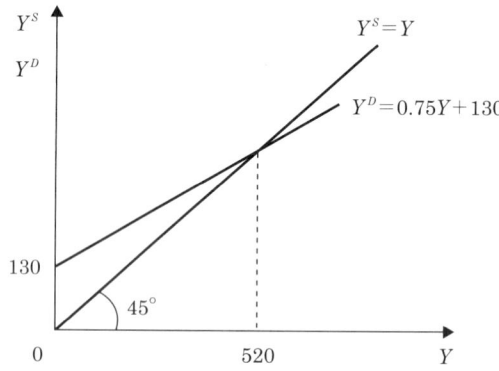

(3) 総需要は，$Y^D=C+I$ に，$C=cY+A$，$I=I_0$ を代入する．
$$Y^D=cY+A+I_0$$
したがって，総需要の傾き：c，タテ軸切片：$A+I_0$ である．
財市場の均衡条件（総供給）＝（総需要）より，
$$Y^S = Y^D$$
$Y^S=Y$，$Y^D=cY+A+I_0$ より，
$$Y=cY+A+I_0$$
$$Y-cY=A+I_0$$
$$(1-c)Y=A+I_0$$
$$Y=\frac{1}{1-c}(A+I_0)$$
したがって，均衡国民所得（Y^*）は $\frac{1}{1-c}(A+I_0)$ である．

$Y^S=Y$，$Y^D=cY+A+I_0$ のグラフを描くと以下のようになり，均衡国民所得 Y^* は，Y^S と Y^D との交点で決まる．

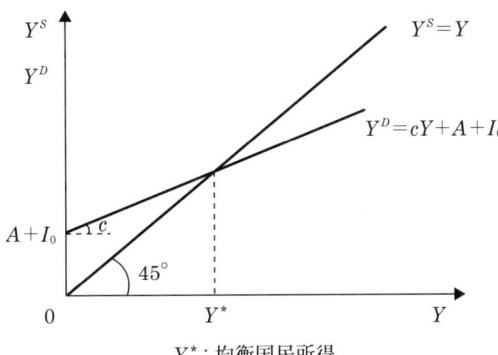

Y^*：均衡国民所得

（2） 参加する経済部門が家計，企業，政府の場合〜その①

この場合，総需要の式は，$Y^D=C+I+G$ であり，政府が存在するため，家計は税金を納めることも考慮する．したがって，家計が行う消費（C）は可処分所得（$Y-T$）に依存する．ただし，租税は定額とする．例えば，以下のような経済モデルがこのケースに相当する．

　　財市場の均衡：（総供給）＝（総需要）
　　総供給　　　：$Y^S=Y$
　　総需要　　　：$Y^D=C+I+G$
　　消費　　　　：$C=0.8(Y-T)+70$
　　投資　　　　：$I=50$
　　政府支出　　：$G=30$
　　租税　　　　：$T=25$

はじめに，総需要の式を算出すると，$Y^D=C+I+G$ に，$C=0.8(Y-T)+70$，$I=50$，$G=30$ を代入する．

$$Y^D=0.8(Y-T)+70+50+30$$

これに，$T=25$ を代入すると，

$$Y^D=0.8(Y-25)+70+50+30$$
$$Y^D=0.8Y-25\times 0.8+70+50+30$$
$$Y^D=0.8Y-20+70+50+30$$
$$Y^D=0.8Y+130$$

これを用いて，均衡国民所得を求めることができる．

財市場の均衡条件（総供給）＝（総需要）より，

$$Y^S = Y^D$$

$Y^S=Y$，$Y^D=0.8Y+130$ より，

$$Y=0.8Y+130$$
$$Y-0.8Y=130$$
$$0.2Y=130$$
$$Y=650$$

したがって，均衡国民所得は 650 である．

$Y^S=Y$，$Y^D=0.8Y+130$ のグラフを描くと次のようになり，均衡国民所得 650 は，Y^S と Y^D との交点で決まる．

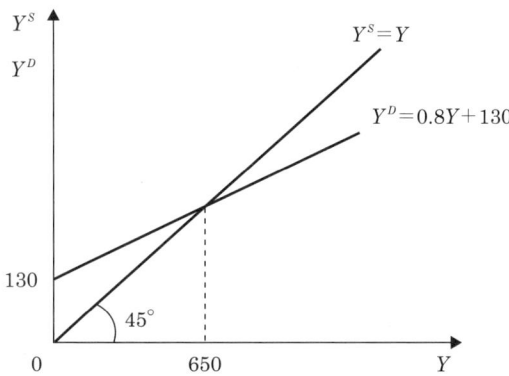

【ドリル1.5】

次の(1)から(3)に関して，総需要の式を算出し，均衡国民所得を求めなさい．さらに，グラフのタテ軸に Y^S または Y^D，ヨコ軸に Y をとり，総供給と総需要のグラフを描き，均衡国民所得を明示しなさい．

(1) 財市場の均衡：(総供給)＝(総需要)

　　総供給　　：$Y^S = Y$
　　総需要　　：$Y^D = C + I + G$
　　消費　　　：$C = 0.8(Y - T) + 30$
　　投資　　　：$I = 60$
　　政府支出　：$G = 55$
　　租税　　　：$T = 50$

(2) 財市場の均衡：(総供給)＝(総需要)

　　総供給　　：$Y^S = Y$
　　総需要　　：$Y^D = C + I + G$
　　消費　　　：$C = 0.75(Y - T) + 20$
　　投資　　　：$I = 100$
　　政府支出　：$G = 55$
　　租税　　　：$T = 20$

(3) 財市場の均衡：(総供給)＝(総需要)

　　総供給　　：$Y^S = Y$
　　総需要　　：$Y^D = C + I + G$
　　消費　　　：$C = c(Y - T) + A$　　$(0 < c < 1,\ A > 0)$
　　投資　　　：$I = I_0$　　　　　　　$(I_0 > 0)$
　　政府支出　：$G = G_0$　　　　　　 $(G_0 > 0)$
　　租税　　　：$T = T_0$　　　　　　 $(T_0 > 0)$

【ドリル1.5：解答】

(1) 総需要は，$Y^D = C + I + G$ に，$C = 0.8(Y-T) + 30$，$I = 60$，$G = 55$ を代入すると求めることができる．

$Y^D = 0.8(Y-T) + 30 + 60 + 55$

これに，$T = 50$ を代入すると，

$Y^D = 0.8(Y-50) + 30 + 60 + 55$

$Y^D = 0.8Y - 50 \times 0.8 + 30 + 60 + 55$

$Y^D = 0.8Y - 40 + 30 + 60 + 55$

$Y^D = 0.8Y + 105$

財市場の均衡条件（総供給）＝（総需要）より，均衡国民所得を求める．

$$Y^S = Y^D$$

$Y^S = Y$，$Y^D = 0.8Y + 105$ より，

$$Y = 0.8Y + 105$$
$$Y - 0.8Y = 105$$
$$0.2Y = 105$$
$$Y = 525$$

したがって，均衡国民所得は525である．

$Y^S = Y$，$Y^D = 0.8Y + 105$ のグラフを描くと次のようになり，均衡国民所得525は，Y^S と Y^D との交点で決まる．

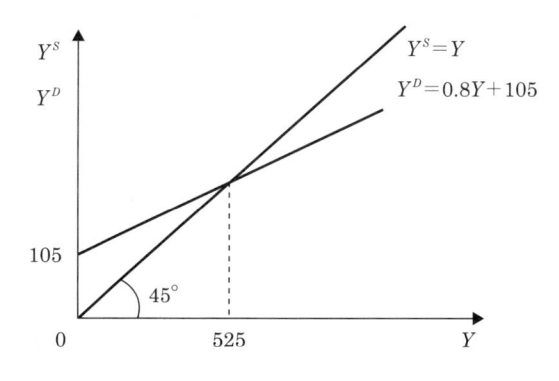

(2) 総需要は，$Y^D=C+I+G$ に，$C=0.75(Y-T)+20$, $I=100$, $G=55$ を代入すると求めることができる．

$$Y^D=0.75(Y-T)+20+100+55$$

これに，$T=20$ を代入すると，

$$Y^D=0.75(Y-20)+20+100+55$$
$$Y^D=0.75Y-20\times 0.75+20+100+55$$
$$Y^D=0.75Y-15+20+100+55$$
$$Y^D=0.75Y+160$$

財市場の均衡条件（総供給）＝（総需要）より，均衡国民所得を求める．

$$Y^S = Y^D$$

$Y^S=Y$, $Y^D=0.75Y+160$ より，

$$Y=0.75Y+160$$
$$Y-0.75Y=160$$
$$0.25Y=160$$
$$Y=640$$

したがって，均衡国民所得は 640 である．

$Y^S=Y$, $Y^D=0.75Y+160$ のグラフを描くと次のようになり，均衡国民所得 640 は，Y^S と Y^D との交点で決まる．

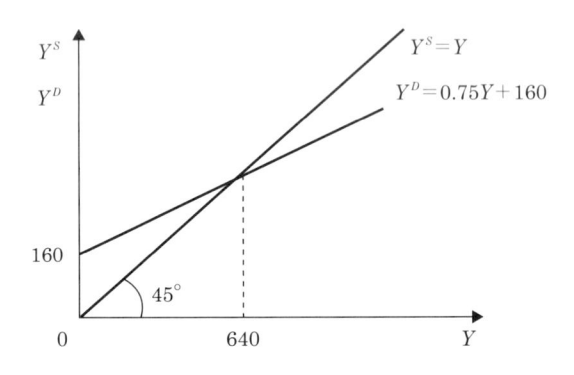

(3) 総需要は，$Y^D = C+I+G$ に，$C = c(Y-T)+A$，$I = I_0$，$G = G_0$ を代入すると求まる．

$$Y^D = c(Y-T)+A+I_0+G_0$$

これに，$T = T_0$ を代入すると，

$$Y^D = cY - cT_0 + A + I_0 + G_0$$

財市場の均衡条件（総供給）＝（総需要）より，

$$Y^S = Y^D$$

$Y^S = Y$，$Y^D = cY - cT_0 + A + I_0 + G_0$ より，

$$Y = cY - cT_0 + A + I_0 + G_0$$
$$Y - cY = -cT_0 + A + I_0 + G_0$$
$$(1-c)Y = -cT_0 + A + I_0 + G_0$$
$$Y = \frac{1}{1-c}(-cT_0 + A + I_0 + G_0) \leftarrow 均衡国民所得（Y^*）$$

Y^S，Y^D のグラフを描くと以下のようになり，均衡国民所得 Y^* は，Y^S と Y^D との交点で決まる．

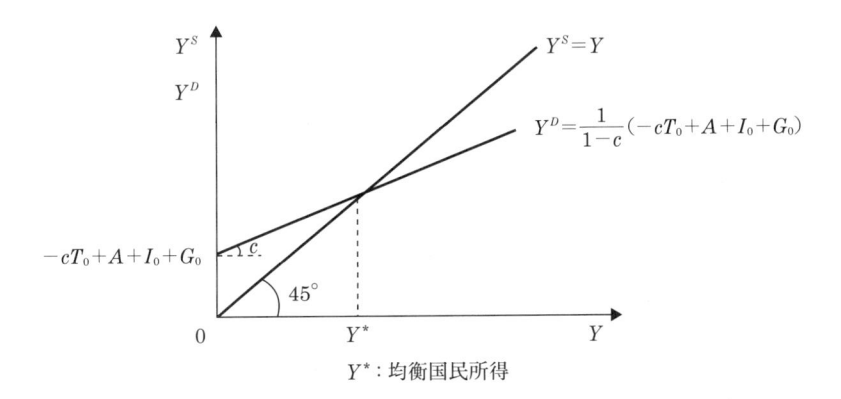

(3) 参加する経済部門が家計,企業,政府の場合〜その②

この場合,総需要の式は,$Y^D=C+I+G$ であり,政府が存在するため,消費 (C) は可処分所得 ($Y-T$) に依存する.(2) のケースと異なり,租税が所得の大きさに依存するモデルである.すなわち,租税を定率とする.例えば,以下のような経済モデルが,このケースに相当する.

　　財市場の均衡:(総供給)=(総需要)
　　総供給　　　:$Y^S=Y$
　　総需要　　　:$Y^D=C+I+G$
　　消費　　　　:$C=0.8(Y-T)+70$
　　投資　　　　:$I=50$
　　政府支出　　:$G=30$
　　租税　　　　:$T=0.25Y$

はじめに,総需要の式を算出すると,$Y^D=C+I+G$ に,$C=0.8(Y-T)+70$,$I=50$,$G=30$ を代入する.

$$Y^D=0.8(Y-T)+70+50+30$$

これに,$T=0.25Y$ を代入すると,

$$Y^D=0.8(Y-0.25Y)+70+50+30$$
$$Y^D=0.8\times 0.75Y+70+50+30$$
$$Y^D=0.6Y+70+50+30$$
$$Y^D=0.6Y+150$$

これを用いて,均衡国民所得を求めることができる.

財市場の均衡条件(総供給)=(総需要)より,

$$Y^S = Y^D$$

$Y^S=Y$,$Y^D=0.6Y+150$ より,

$$Y=0.6Y+150$$
$$Y-0.6Y=150$$
$$0.4Y=150$$
$$Y=375$$

したがって,均衡国民所得は 375 である.

$Y^S=Y$, $Y^D=0.6Y+150$ のグラフを描くと次のようになり, 均衡国民所得 375 は, Y^S と Y^D との交点で決まる.

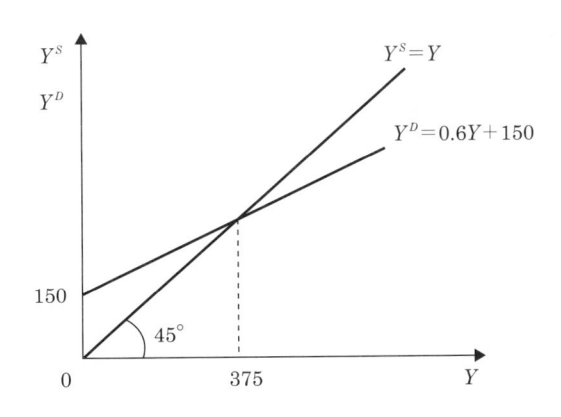

[補講] ビルトインスタビライザー

　ビルトインスタビライザーとは景気変動を自動的に調整する機能のことである. 例として, 所得税を挙げることができる. 景気がいい時は, 給料は増額し所得税として納める金額も多くなるので消費の増加を抑制し, 景気の過熱も抑えることになる. それとは反対に, 景気が良くない時は, 給料が減額し所得税の納税額も少なくなるので消費の減少を抑制し, 景気の悪化を抑えることができる.

【ドリル 1.6】

次の(1)から(3)に関して，総需要の式を算出し，均衡国民所得を求めなさい．さらに，グラフのタテ軸に Y^S または Y^D，ヨコ軸に Y をとり，総供給と総需要のグラフを描き，均衡国民所得を明示しなさい．

(1) 財市場の均衡：（総供給）＝（総需要）

　　総供給　　：$Y^S = Y$
　　総需要　　：$Y^D = C + I + G$
　　消費　　　：$C = 0.8(Y - T) + 30$
　　投資　　　：$I = 45$
　　政府支出　：$G = 55$
　　租税　　　：$T = 0.25Y$

(2) 財市場の均衡：（総供給）＝（総需要）

　　総供給　　：$Y^S = Y$
　　総需要　　：$Y^D = C + I + G$
　　消費　　　：$C = 0.9(Y - T) + 20$
　　投資　　　：$I = 100$
　　政府支出　：$G = 55$
　　租税　　　：$T = \dfrac{1}{9} Y$

(3) 財市場の均衡：（総供給）＝（総需要）

　　総供給　　：$Y^S = Y$
　　総需要　　：$Y^D = C + I + G$
　　消費　　　：$C = c(Y - T) + A$　　$(0 < c < 1,\ A > 0)$
　　投資　　　：$I = I_0$　　　　　　　$(I_0 > 0)$
　　政府支出　：$G = G_0$　　　　　　　$(G_0 > 0)$
　　租税　　　：$T = tY + T_0$　　　　$(0 < t < 1,\ T_0 > 0)$

【ドリル1.6：解答】

(1) 総需要は，$Y^D = C + I + G$ に，$C = 0.8(Y-T) + 30$, $I = 45$, $G = 55$ を代入すると求めることができる．

$Y^D = 0.8(Y-T) + 30 + 45 + 55$

これに，$T = 0.25Y$ を代入すると，

$Y^D = 0.8(Y - 0.25Y) + 30 + 45 + 55$

$Y^D = 0.8 \times 0.75Y + 30 + 45 + 55$

$Y^D = 0.6Y + 30 + 45 + 55$

$Y^D = 0.6Y + 130$

財市場の均衡条件（総供給）＝（総需要）より，均衡国民所得を求める．

$$Y^S = Y^D$$

$Y^S = Y$, $Y^D = 0.6Y + 130$ より，

$$Y = 0.6Y + 130$$
$$Y - 0.6Y = 130$$
$$0.4Y = 130$$
$$Y = 325$$

したがって，均衡国民所得は 325 である．

$Y^S = Y$, $Y^D = 0.6Y + 130$ のグラフを描くと次のようになり，均衡国民所得 325 は，Y^S と Y^D との交点で決まる．

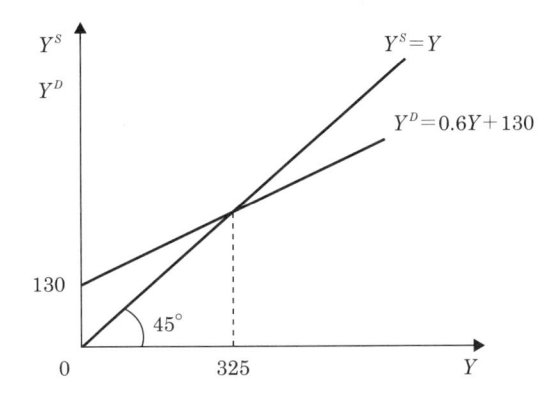

(2) 総需要は，$Y^D=C+I+G$ に，$C=0.9(Y-T)+20$，$I=100$，$G=55$ を代入すると求めることができる．

$Y^D=0.9(Y-T)+20+100+55$

これに，$T=\dfrac{1}{9}Y$ を代入すると，

$Y^D=0.9\left(Y-\dfrac{1}{9}Y\right)+20+100+55$

$Y^D=0.9\times\dfrac{8}{9}Y+20+100+55$

$Y^D=0.8Y+20+100+55$

$Y^D=0.8Y+175$

財市場の均衡条件（総供給）＝（総需要）より，均衡国民所得を求める．

$$Y^S = Y^D$$

$Y^S=Y$，$Y^D=0.8Y+175$ より，

$$Y=0.8Y+175$$
$$Y-0.8Y=175$$
$$0.2Y=175$$
$$Y=875$$

したがって，均衡国民所得は 875 である．

$Y^S=Y$，$Y^D=0.8Y+175$ のグラフを描くと次のようになり，均衡国民所得 875 は，Y^S と Y^D との交点で決まる．

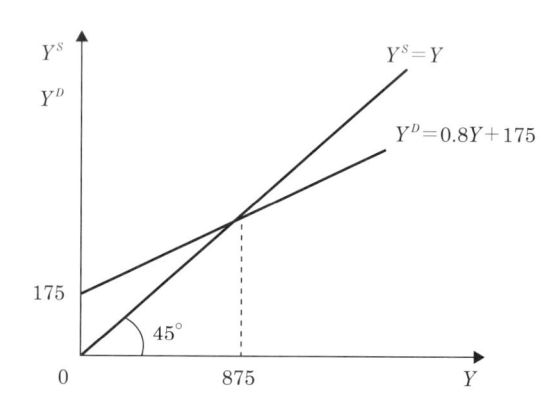

(3) 総需要は，$Y^D=C+I+G$ に，$C=c(Y-T)+A$，$I=I_0$，$G=G_0$ を代入する．
$Y^D=c(Y-T)+A+I_0+G_0$
これに，$T=tY+T_0$ を代入すると，
$Y^D=c\{Y-(tY+T_0)\}+A+I_0+G_0$
$Y^D=c(Y-tY-T_0)+A+I_0+G_0$
$Y^D=c(Y-tY)-cT_0+A+I_0+G_0$
$Y^D=c(1-t)Y-cT_0+A+I_0+G_0$

財市場の均衡条件（総供給）＝（総需要）より，
$$Y^S = Y^D$$
$Y^S=Y$，$Y^D=c(1-t)Y-cT_0+A+I_0+G_0$ より，
$Y=c(1-t)Y-cT_0+A+I_0+G_0$
$Y-c(1-t)Y=-cT_0+A+I_0+G_0$
$\{1-c(1-t)\}Y=-cT_0+A+I_0+G_0$
$$Y=\frac{1}{1-c(1-t)}(-cT_0+A+I_0+G_0) \leftarrow \text{均衡国民所得}(Y^*)$$

Y^S，Y^D のグラフを描くと以下のようになり，均衡国民所得 Y^* は，Y^S と Y^D との交点で決まる．

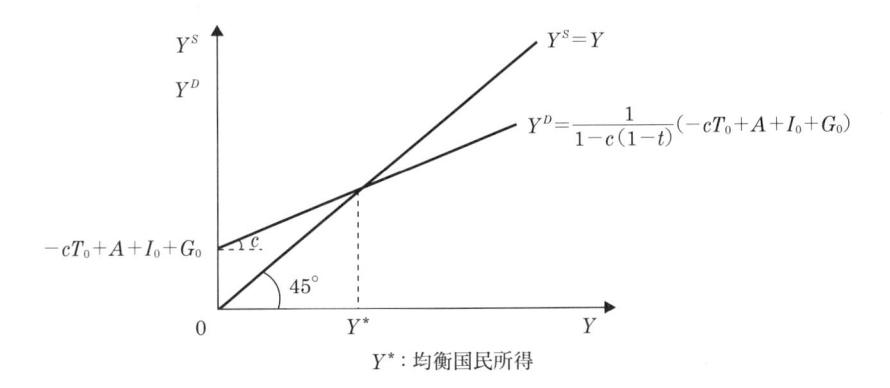

Y^*：均衡国民所得

（4） 参加する経済部門が家計，企業，政府，海外の場合

この場合，総需要の式は，$Y^D=C+I+G+X-M$ であり，輸出（X）は定額で，輸入（M）は国民所得（Y）に依存すると仮定する．例えば，以下のような経済モデルが，このケースに相当する．

> 財市場の均衡：（総供給）＝（総需要）
> 総供給　　：$Y^S=Y$
> 総需要　　：$Y^D=C+I+G+X-M$
> 消費　　　：$C=0.85(Y-T)+7$
> 投資　　　：$I=15$
> 政府支出　：$G=25$
> 租税　　　：$T=20$
> 輸出　　　：$X=80$
> 輸入　　　：$M=0.1Y+30$

はじめに，輸入関数について説明する．輸入関数は，国民所得が上昇すれば，海外製品をより多く買うようになることを示している．0.1 は，新たな国民所得の 1 単位増加に対する輸入の増加分であり，この値を**限界輸入性向**という．例えば，10,000 円所得が増額された時，限界輸入性向×新たな所得増額分，すなわち，0.1×10,000 円（＝ 1,000 円）だけ輸入が増える．30 は，一国の生産・消費活動を維持していく上で必要不可欠な輸入額である．これを**基礎輸入**と呼ぶ．

次に，総需要の式を算出すると，$Y^D=C+I+G+X-M$ に，$C=0.85(Y-T)+7$，$I=15$，$G=25$，$X=80$，$M=0.1Y+30$ を代入する．

$$Y^D=0.85(Y-T)+7+15+25+80-(0.1Y+30)$$

これに，$T=20$ を代入すると，

$$Y^D=0.85(Y-20)+7+15+25+80-(0.1Y+30)$$
$$Y^D=0.85Y-20\times0.85+7+15+25+80-(0.1Y+30)$$
$$Y^D=0.85Y-17+7+15+25+80-(0.1Y+30)$$
$$Y^D=0.75Y+80$$

これを用いて，均衡国民所得を求めることができる．

財市場の均衡条件（総供給）＝（総需要）より，

$$Y^S = Y^D$$

$Y^S=Y$, $Y^D=0.75Y+80$ より，

$$Y=0.75Y+80$$
$$Y-0.75Y=80$$
$$0.25Y=80$$
$$Y=320$$

したがって，均衡国民所得は 320 である．

$Y^S=Y$, $Y^D=0.75Y+80$ のグラフを描くと次のようになり，均衡国民所得 320 は，Y^S と Y^D との交点で決まる．

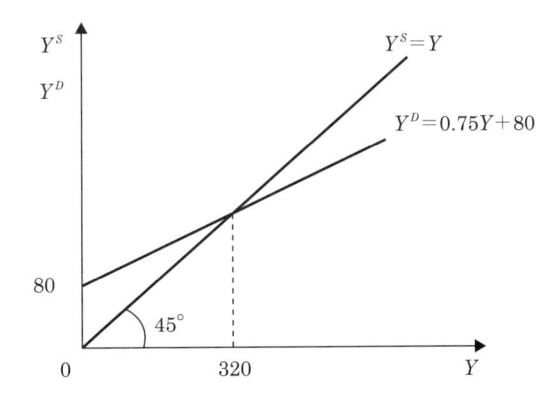

【ドリル1.7】

次の(1)と(2)に関して，総需要の式を算出し，均衡国民所得を求めなさい．さらに，グラフのタテ軸に Y^S または Y^D，ヨコ軸に Y をとり，総供給と総需要のグラフを描き，均衡国民所得を明示しなさい．

(1) 財市場の均衡：(総供給) = (総需要)

総供給　　　： $Y^S = Y$
総需要　　　： $Y^D = C + I + G + X - M$
消費　　　　： $C = 0.8(Y - T) + 20$
投資　　　　： $I = 100$
政府支出　　： $G = 50$
租税　　　　： $T = 25$
輸出　　　　： $X = 80$
輸入　　　　： $M = 0.2Y + 10$

(2) 財市場の均衡：(総供給) = (総需要)

総供給　　　： $Y^S = Y$
総需要　　　： $Y^D = C + I + G + X - M$
消費　　　　： $C = c(Y - T) + A$ 　$(0 < c < 1,\ A > 0)$
投資　　　　： $I = I_0$ 　　　　　$(I_0 > 0)$
政府支出　　： $G = G_0$ 　　　　 $(G_0 > 0)$
租税　　　　： $T = T_0$ 　　　　 $(T_0 > 0)$
輸出　　　　： $X = X_0$ 　　　　 $(X_0 > 0)$
輸入　　　　： $M = mY + B$ 　　$(0 < m < 1,\ B > 0)$

第1章 総供給と総需要

【ドリル 1.7：解答】

(1) 総需要は，$Y^D = C + I + G + X - M$ に，$C = 0.8(Y - T) + 20$，$I = 100$，$G = 50$，$X = 80$，$M = 0.2Y + 10$ を代入すると求めることができる．

$$Y^D = 0.8(Y - T) + 20 + 100 + 50 + 80 - (0.2Y + 10)$$

これに，$T = 25$ を代入すると，

$$Y^D = 0.8(Y - 25) + 20 + 100 + 50 + 80 - (0.2Y + 10)$$
$$Y^D = 0.8Y - 25 \times 0.8 + 20 + 100 + 50 + 80 - (0.2Y + 10)$$
$$Y^D = 0.8Y - 20 + 20 + 100 + 50 + 80 - (0.2Y + 10)$$
$$Y^D = 0.6Y + 220$$

これを用いて，均衡国民所得を求めることができる．
財市場の均衡条件（総供給）＝（総需要）より，

$$Y^S = Y^D$$

$Y^S = Y$，$Y^D = 0.6Y + 220$ より，

$$Y = 0.6Y + 220$$
$$Y - 0.6Y = 220$$
$$0.4Y = 220$$
$$Y = 550$$

したがって，均衡国民所得は 550 である．

$Y^S = Y$，$Y^D = 0.6Y + 220$ のグラフを描くと次のようになり，均衡国民所得 550 は，Y^S と Y^D との交点で決まる．

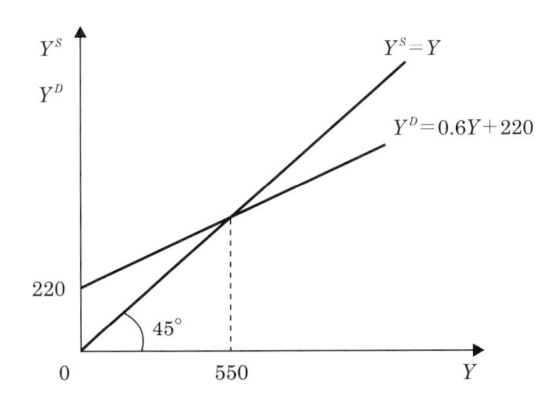

(2) 総需要は，$Y^D = C+I+G+X-M$ に，$C=c(Y-T)+A$, $I=I_0$, $G=G_0$, $X=X_0$, $M=mY+B$ を代入すると求めることができる．

$Y^D = c(Y-T)+A+I_0+G_0+X_0-(mY+B)$

これに，$T=T_0$ を代入すると，

$Y^D = c(Y-T_0)+A+I_0+G_0+X_0-(mY+B)$
$Y^D = c(Y-T_0)+A+I_0+G_0+X_0-mY-B$
$Y^D = cY-cT_0+A+I_0+G_0+X_0-mY-B$
$Y^D = cY-mY-cT_0+A+I_0+G_0+X_0-B$
$Y^D = (c-m)Y-cT_0+A+I_0+G_0+X_0-B$

したがって，総需要の傾きは $(c-m)$，タテ軸切片は $-cT_0+A+I_0+G_0+X_0-B$ である．

財市場の均衡条件（総供給）＝（総需要）より，

$$Y^S = Y^D$$

$Y^S=Y$, $Y^D=(c-m)Y-cT_0+A+I_0+G_0+X_0-B$ より，

$Y = (c-m)Y-cT_0+A+I_0+G_0+X_0-B$
$Y-(c-m)Y = -cT_0+A+I_0+G_0+X_0-B$
$\{1-(c-m)\}Y = -cT_0+A+I_0+G_0+X_0-B$

$$Y = \frac{1}{1-c+m}(-cT_0+A+I_0+G_0+X_0-B) \leftarrow 均衡国民所得（Y^*）$$

Y^S, Y^D のグラフを描くと以下のようになり，均衡国民所得 Y^* は，Y^S と Y^D との交点で決まる．

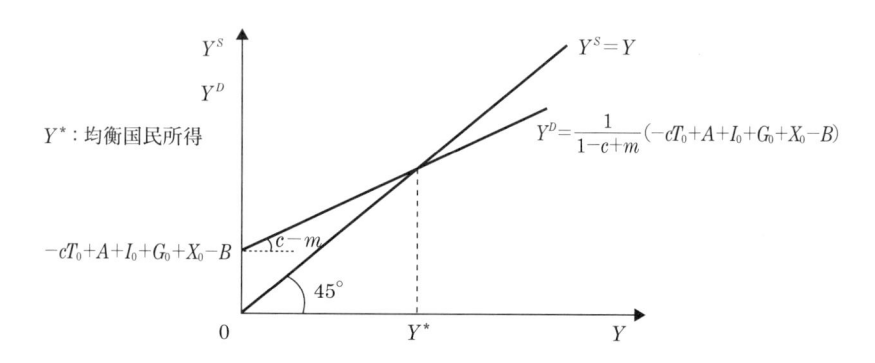

[補講] 国内需要と経常収支との関係

参加する経済部門が家計，企業，政府，海外の場合，財市場の均衡，総供給，総需要はそれぞれ以下のように示すことができる．

財市場の均衡：(総供給)＝(総需要)

総供給　：$Y^S=Y$

総需要　：$Y^D=C+I+G+X-M$

財市場の均衡より，

$$Y=C+I+G+X-M$$

と表すことができる．

ここで，総需要のうち国内の需要項目の合計である $C+I+G$ を「**アブソープション**」(国内需要)，輸出と輸入の差額である $X-M$ を「**経常収支**」と呼ぶ．経常収支は，貿易収支，サービス収支，所得収支，経常移転収支の4つで構成されている．

アブソープションを左辺に移項すると，

$$Y-(C+I+G)=X-M$$

と表すことができる．

$Y-(C+I+G)>0$ であれば，$X-M>0$ となる．また，

$Y-(C+I+G)<0$ であれば，$X-M<0$ となる．

したがって，経常収支は国民所得とアブソープションの差額の大きさに依存することになる．このように，経常収支の動きを国民所得とアブソープションとの差額に着目した分析を「アブソープション・アプローチ」という．

第2章

財市場における乗数効果

1. 乗数

乗数とは，定額で与えられた各需要項目，例えば，投資が100，政府支出が55など，新たに1単位増えたことに対する国民所得の変化分のことである．変化分は（変化後の値）−（変化前の値）で求められ，記号はΔ（デルタ）を使う．

（1） 参加する経済部門が家計と企業の場合

第1章3(1)で説明した同じモデルを使って乗数を考える．

財市場の均衡：（総供給）＝（総需要）

総供給 　　：$Y^S=Y$

総需要 　　：$Y^D=C+I$

消費 　　　：$C=0.8Y+100$

投資 　　　：$I=50$

これより，総需要の式は，$Y^D=0.8Y+150$，均衡国民所得は750である．これが変化前の値となる（総需要の式と均衡国民所得の導出がわからない場合は，必ず，第1章3(1)に戻って復習すること）．

この経済モデルで，定額で与えられた各需要項目は，消費の100（基礎消費の部分）と投資の50である．ここで，投資を50から51へ増加する．すなわち，需要項目を1単位増加させる．

このとき，総需要の式は，　$Y^D=C+I$
$$Y^D=0.8Y+100+51$$
$$Y^D=0.8Y+151 \text{ となる．}$$
　均衡国民所得は，　$Y^S=Y^D$
$$Y=0.8Y+151$$
$$Y-0.8Y=151$$
$$Y=755$$

　投資の変化分（ΔI）は 51−50＝1，国民所得の変化分（ΔY）は 755−750＝5 である．この場合の乗数は，投資の1単位増加による国民所得の変化分である5に相当する．これを「**投資乗数**」という．

　$Y^S=Y$，$Y^D=0.8Y+150$，$Y^D=0.8Y+151$ のグラフを描くと次のようになる．

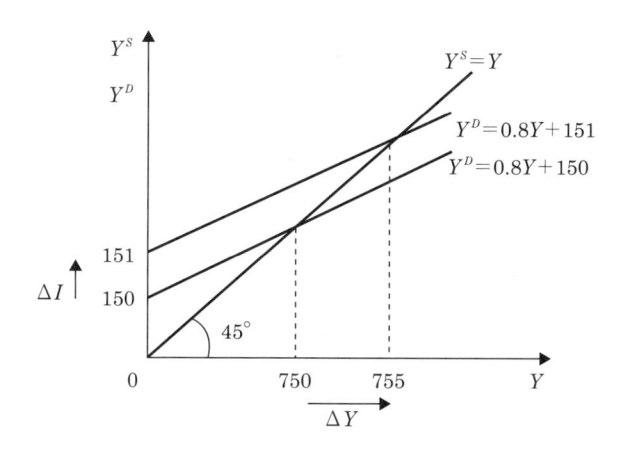

　また，投資が10だけ増加した場合は，投資乗数×投資の変化分（ΔI）で，国民所得の変化分を算出することができる．投資乗数が5であるので，国民所得の変化分（ΔY）は，

　　　$\Delta Y=$（投資乗数）$\times \Delta I$

　　　$\Delta Y=5\times 10$

　　　$\Delta Y=50$

乗数を文字式で考えてみる．モデルは以下の通りで，【ドリル1.4】(3)で解いた問題と同じである．

　　　総供給：$Y^S = Y$
　　　総需要：$Y^D = C + I$
　　　消費　：$C = cY + A$　　$(0 < c < 1,\ A > 0)$
　　　投資　：$I = I_0$　　　　$(I_0 > 0)$

均衡国民所得は，$Y = \dfrac{1}{1-c}(A + I_0)$ である．これが変化前の国民所得であり，Y_0 とする．

次に，投資が I_0 から $(I_0 + 1)$ へ増加した時にモデルを考える．モデルは以下に示される．

　　　総供給：$Y^S = Y$
　　　総需要：$Y^D = C + I$
　　　消費　：$C = cY + A$　　$(A：基礎消費)$
　　　投資　：$I = I_0 + 1$

このとき，総需要の式は，　　$Y^D = C + I$
$$Y^D = cY + A + I_0 + 1$$

財市場の均衡条件：（総供給）＝（総需要）より

　　　均衡国民所得は，$Y^S = Y^D$
$$Y = cY + A + I_0 + 1$$
$$Y - cY = A + I_0 + 1$$
$$(1-c)Y = A + I_0 + 1$$
$$Y = \dfrac{1}{1-c}(A + I_0 + 1)\ \text{である．}$$

これが変化後の国民所得であり，Y_1 とする．
国民所得の変化分を求めると，

$$Y_1 - Y_0 = \dfrac{1}{1-c}$$
$$\Delta Y = \dfrac{1}{1-c}$$

つまり，投資が1単位増加したことで国民所得が $\dfrac{1}{1-c}$ だけ増加する．これが文字式の場合（一般形）の「投資乗数」である．

投資の変化分を ΔI とすれば，国民所得の変化分（ΔY）は，
$$\Delta Y = (投資乗数) \times \Delta I$$
$$\Delta Y = \frac{1}{1-c} \times \Delta I$$
$c=0.8$ の場合，投資乗数は $\frac{1}{1-c}$ に $c=0.8$ を代入すれば求まる．
$$\frac{1}{1-c} = \frac{1}{1-0.8}$$
$$= \frac{1}{0.2}$$
$$= \frac{10}{2}$$
$$= 5$$
となり，文字式のモデルの前に取り組んだ問題と同じ答えが出る．

同様にして**基礎消費乗数**も求めることができる．基礎消費乗数とは，新たな基礎消費1単位の増加に対する国民所得の変化分の大きさである．
$$\Delta Y = \frac{1}{1-c} \times \Delta A \quad （\Delta A：基礎消費の変化分）$$

乗数の公式（参加する経済部門が家計と企業のみ）

投資乗数　$\Delta Y = \dfrac{1}{1-c} \times \Delta I$

基礎消費乗数　$\Delta Y = \dfrac{1}{1-c} \times \Delta A$

【ドリル 2.1】

(1)と(2)の問題に関して，総需要の式を算出し，均衡国民所得を求めなさい．次に，投資を 10 だけ新たに増加させた時の総需要の式と均衡国民所得の値も求めなさい．最後に，グラフのタテ軸に Y^S または Y^D，ヨコ軸に Y をとり，総供給と投資の変化前と変化後の総需要のグラフを描き，投資の変化前と変化後の均衡国民所得を明示しなさい．

(1) 財市場の均衡：(総供給)＝(総需要)

 総供給 ：$Y^S=Y$
 総需要 ：$Y^D=C+I$
 消費   ：$C=0.5Y+20$
 投資   ：$I=50$

(2) 財市場の均衡：(総供給)＝(総需要)

 総供給 ：$Y^S=Y$
 総需要 ：$Y^D=C+I$
 消費   ：$C=0.75Y+30$
 投資   ：$I=100$

【ドリル 2.1：解答】

(1) 投資の変化前に関する総需要の式は $Y^D=0.5Y+70$, 均衡国民所得は 140 である（この詳細は，【ドリル 1.4：解答(1)】を参照すること）．

投資を新たに 10 だけ増額した時の投資は，$I=50+10=60$ である．$C=0.5Y+20$, $I=60$ を，総需要 $Y^D=C+I$ に代入する．

$Y^D=0.5Y+20+60$

$Y^D=0.5Y+80$

財市場の均衡条件（総供給）＝（総需要）より，

$$Y^S = Y^D$$

$Y^S=Y$, $Y^D=0.5Y+80$ より，

$$Y=0.5Y+80$$
$$Y-0.5Y=80$$
$$0.5Y=80$$
$$Y=160$$

したがって，投資の変化後の均衡国民所得は 160 である．

$Y^S=Y$, $Y^D=0.5Y+70$, $Y^D=0.5Y+80$ のグラフを描く．

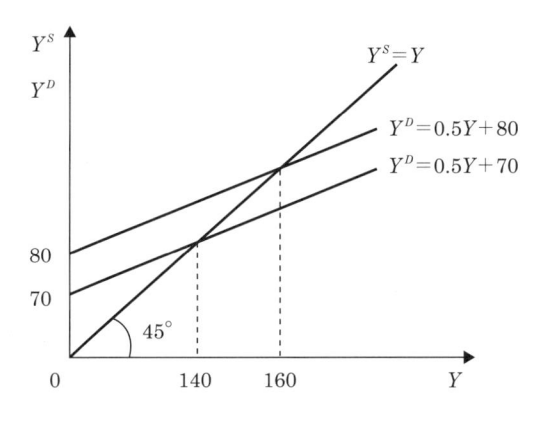

(2) 投資の変化前に関する総需要の式は $Y^D=0.75Y+130$，均衡国民所得は520である（この詳細は，【ドリル 1.4：解答】(2)を参照すること）．

投資を新たに 10 だけ増額した時の投資は，$I=100+10=110$ である．$C=0.75Y+30$, $I=110$ を，総需要 $Y^D=C+I$ に代入する．

$Y^D=0.75Y+30+110$

$Y^D=0.75Y+140$

財市場の均衡条件（総供給）＝（総需要）より，

$$Y^S = Y^D$$

$Y^S=Y$, $Y^D=0.75Y+140$ より，

$$Y=0.75Y+140$$
$$Y-0.75Y=140$$
$$0.25Y=140$$
$$Y=560$$

したがって，均衡国民所得は 560 である．

$Y^S=Y$, $Y^D=0.75Y+130$, $Y^D=0.75Y+140$ のグラフを描く．

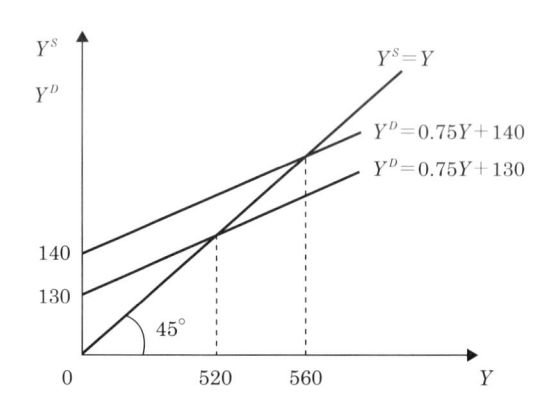

[補講] 【ドリル2.1】の問題のモデルで，投資乗数の公式を使って，国民所得の変化分（ΔY）を求める．

(1) 消費：$C=0.5Y+20$ より，限界消費性向：$c=0.5$
　　投資の変化分：$\Delta I=10$ なので，

　　　　投資乗数　　$\Delta Y = \dfrac{1}{1-c} \times \Delta I$

　　　　　　　　　　　　$= \dfrac{1}{1-0.5} \times 10$

　　　　　　　　　　　　$= \dfrac{1}{0.5} \times 10$

　　　　　　　　　　　　$= \dfrac{10}{5} \times 10$

　　　　　　　　　　　　$= 20$　　→　変化後が160，変化前が140

(2) 消費：$C=0.75Y+30$ より，限界消費性向：$c=0.75$
　　投資の変化分：$\Delta I=10$ なので，

　　　　投資乗数　　$\Delta Y = \dfrac{1}{1-c} \times \Delta I$

　　　　　　　　　　　　$= \dfrac{1}{1-0.75} \times 10$

　　　　　　　　　　　　$= \dfrac{1}{0.25} \times 10$

　　　　　　　　　　　　$= \dfrac{100}{25} \times 10$

　　　　　　　　　　　　$= 40$　　→　変化後が560，変化前が520

（2） 参加する経済部門が家計，企業，政府の場合～その①

第1章3(2)で説明した同じモデルを使って乗数を考える．

　　　　財市場の均衡：（総供給）＝（総需要）
　　　　総供給　　　：$Y^S = Y$
　　　　総需要　　　：$Y^D = C + I + G$
　　　　消費　　　　：$C = 0.8(Y - T) + 70$
　　　　投資　　　　：$I = 50$
　　　　政府支出　　：$G = 30$
　　　　租税　　　　：$T = 25$

これより，総需要の式は，$Y^D = 0.8Y + 130$，均衡国民所得は650である．これを政府支出変化前の値とする（総需要の式と均衡国民所得の導出がわからない場合は，必ず，第1章3(2)に戻って復習すること）．

この経済モデルで，定額で与えられた各需要項目は，消費の70（基礎消費の部分），投資の50，政府支出の30，租税の25である．ここで，政府支出を30から31へ増加する．すなわち，需要項目を1単位増加させる．

このとき，総需要の式は，　　$Y^D = C + I + G$
$$Y^D = 0.8(Y - 25) + 70 + 50 + 31$$
$$Y^D = 0.8Y + 131 \text{ となる．}$$

均衡国民所得は，$Y^S = Y^D$
$$Y = 0.8Y + 131$$
$$Y - 0.8Y = 131$$
$$Y = 655$$

政府の変化分（ΔG）は$31 - 30 = 1$，国民所得の変化分（ΔY）は$655 - 650 = 5$である．この場合の乗数は，政府支出の1単位増加による国民所得の変化分である5に相当する．これを「**政府支出乗数**」という．

$Y^S = Y$，$Y^D = 0.8Y + 130$，$Y^D = 0.8Y + 131$ のグラフを描くと次のようになる．

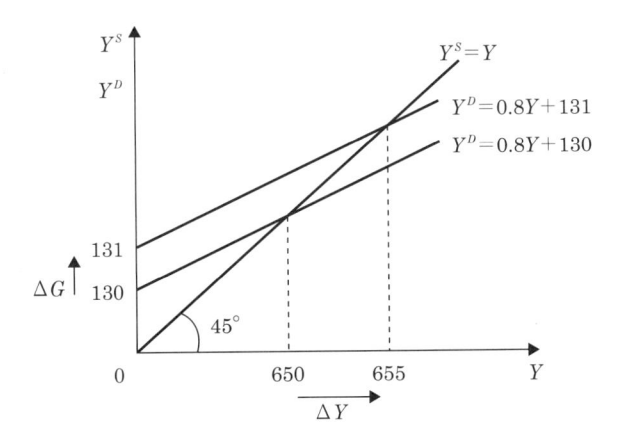

また，政府支出が20だけ増加した場合は，政府支出乗数×政府支出の変化分（ΔG）で，国民所得の変化分を算出することができる．政府支出乗数が5であるので，国民所得の変化分（ΔY）は，

ΔY＝（政府支出乗数）×ΔG

ΔY＝5×20

ΔY＝100

乗数を文字式で考えてみる．モデルは以下の通りで，【ドリル 1.5】(3)で解いた問題と同じである．

総供給　：$Y^S = Y$

総需要　：$Y^D = C + I + G$

消費　　：$C = c(Y - T) + A$　　$(0 < c < 1,\ A > 0)$

投資　　：$I = I_0$　　　　　　　$(I_0 > 0)$

政府支出：$G = G_0$　　　　　　　$(G_0 > 0)$

租税　　：$T = T_0$　　　　　　　$(T_0 > 0)$

均衡国民所得は，$Y = \dfrac{1}{1-c}(-cT_0 + A + I_0 + G_0)$ である．これが変化前の国民所得であり，Y_0 とする．

次に，政府支出が G_0 から $(G_0 + 1)$ へ増加した時のモデルを考える．モデルは以下に示される．

総供給　：$Y^S = Y$

総需要　：$Y^D = C + I + G$

消費　　：$C = c(Y - T) + A$

投資　　：$I = I_0$

政府支出：$G = G_0 + 1$

租税　　：$T = T_0$

このとき，総需要の式は，　　$Y^D = C + I + G$

$$Y^D = cY - cT_0 + A + I_0 + G_0 + 1$$

均衡国民所得は，$Y^S = Y^D$

$$Y = cY - cT_0 + A + I_0 + G_0 + 1$$
$$Y - cY = -cT_0 + A + I_0 + G_0 + 1$$
$$(1-c)Y = -cT_0 + A + I_0 + G_0 + 1$$
$$Y = \frac{1}{1-c}(-cT_0 + A + I_0 + G_0 + 1)\ \text{である．}$$

これが変化後の国民所得であり，Y_1 とする．

国民所得の変化分（ΔY）を求める．

$$Y_1 - Y_0 = \frac{1}{1-c}$$
$$\Delta Y = \frac{1}{1-c}$$

これが一般形の「政府支出乗数」であり，政府支出が1単位増加したことで国民所得が $\frac{1}{1-c}$ だけ増加することを意味する．政府支出の変化分を ΔG とすれば，国民所得の変化分（ΔY）は，

$$\Delta Y = (\text{政府支出乗数}) \times \Delta G$$
$$\Delta Y = \frac{1}{1-c} \times \Delta G$$

と表すことができる．例えば，$c = 0.8$ の場合，政府支出乗数は次のように求めることができる．

$$\frac{1}{1-c} = \frac{1}{1-0.8}$$
$$= 5$$

同様にして，投資乗数，基礎消費乗数，租税乗数も求めることができる．ここでは租税乗数を確認しておく．

租税が T_0 から (T_0+1) へ増加するとき，総需要の式は，

$$Y^D = C + I + G$$
$$Y^D = c\{Y-(T_0+1)\} + A + I_0 + G_0$$
$$Y^D = cY - cT_0 - c + A + I_0 + G_0$$

均衡国民所得は，$Y^S = Y^D$

$$Y = cY - cT_0 - c + A + I_0 + G_0$$
$$Y - cY = -cT_0 - c + A + I_0 + G_0$$
$$(1-c)Y = -cT_0 - c + A + I_0 + G_0$$
$$Y = \frac{1}{1-c}(-cT_0 - c + A + I_0 + G_0) \quad \text{である．}$$

これが変化後の国民所得であり，Y_2 とする．
国民所得の変化分（$Y_2 - Y_0 = \Delta Y$）を求めると，

$$Y_2 - Y_0 = \frac{1}{1-c}(-cT_0 - c + A + I_0 + G_0) - \frac{1}{1-c}(-cT_0 + A + I_0 + G_0)$$
$$= \frac{-c}{1-c}$$
$$\Delta Y = \frac{-c}{1-c}$$

となり，これを「**租税乗数**」と呼び，租税が1単位増加したことで国民所得が $\frac{-c}{1-c}$ だけ変化することを意味する．この値はマイナスになる．例えば，$c=0.8$ の場合，租税乗数は次のように求めることができる．

$$\frac{-c}{1-c} = \frac{-0.8}{1-0.8}$$
$$= -4$$

乗数の公式（参加する経済部門が家計，企業，政府で租税を定額とする場合）

投資乗数　　　$\Delta Y = \dfrac{1}{1-c} \times \Delta I$

基礎消費乗数　$\Delta Y = \dfrac{1}{1-c} \times \Delta A$

政府支出乗数　$\Delta Y = \dfrac{1}{1-c} \times \Delta G$

租税乗数　　　$\Delta Y = \dfrac{-c}{1-c} \times \Delta T$

[補講] 均衡予算乗数

予算を均衡させて(すなわち,税収と政府支出とが一致するように),双方を同額増加させるときの乗数を「**均衡予算乗数**」と呼ぶ.

政府支出乗数は $\Delta Y_1 = \dfrac{1}{1-c}$,租税乗数は $\Delta Y_2 = \dfrac{-c}{1-c}$ なので,双方の増加による国民所得増加分 ($\Delta Y = \Delta Y_1 + \Delta Y_2$) は

$$\Delta Y = \frac{1}{1-c} - \frac{c}{1-c}$$

$$\Delta Y = \frac{1-c}{1-c} = 1$$

よって,均衡予算乗数は1である.

【ドリル2.2】

以下の経済モデルに関して,(1)から(5)の問いに解答しなさい.

財市場の均衡:(総供給)=(総需要)

総供給 : $Y^S = Y$

総需要 : $Y^D = C + I + G$

消費 : $C = 0.75(Y-T) + 20$

投資 : $I = 100$

政府支出 : $G = 55$

租税 : $T = 20$

(1) 総需要の式を算出し,均衡国民所得を求めなさい.

(2) 政府支出を10だけ新たに増加させた時の総需要の式と均衡国民所得の値を求めなさい.

(3) グラフのタテ軸に Y^S または Y^D,ヨコ軸に Y をとり,総供給と政府支出の変化前と変化後の総需要のグラフを描き,変化前と変化後の均衡国民所得を明示しなさい.

(4) 租税を10だけ新たに増加させた時の総需要の式と均衡国民所得の値を求めなさい.

(5) グラフのタテ軸に Y^S または Y^D,ヨコ軸に Y をとり,総供給と租税の変化前と変化後の総需要のグラフを描き,変化前と変化後の均衡国民所得を明示しなさい.

【ドリル 2.2：解答】

(1) 政府支出変化前に関する総需要の式は $Y^D=0.75Y+160$，均衡国民所得は 640 である（この詳細は，【ドリル 1.5：解答(2)】を参照すること）．

(2) 政府支出を新たに 10 だけ増額した時の政府支出は，$G=55+10=65$ である．$C=0.75(Y-T)+20$，$I=100$，$G=65$，$T=20$ を，総需要 $Y^D=C+I+G$ に代入する．

$Y^D=0.75(Y-20)+20+100+65$

$Y^D=0.75Y+170$

財市場の均衡条件（総供給）＝（総需要）より，

$$Y^S = Y^D$$

$Y^S=Y$，$Y^D=0.75Y+170$ より，

$$Y=0.75Y+170$$
$$Y-0.75Y=170$$
$$0.25Y=170$$
$$Y=680$$

したがって，政府支出の変化後の均衡国民所得は 680 である．

(3) $Y^S=Y$，$Y^D=0.75Y+160$，$Y^D=0.75Y+170$ のグラフを描く．

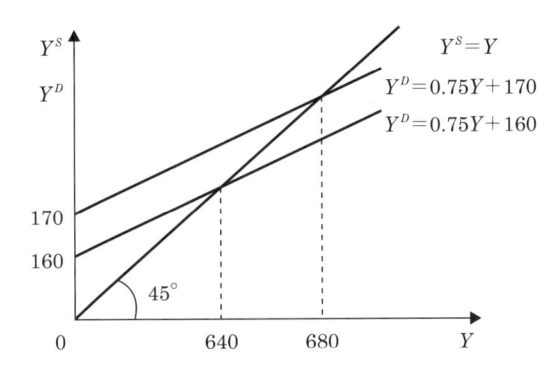

(4) 租税を新たに10だけ増額した時の租税は，$T=20+10=30$ である．$C=0.75(Y-T)+20$, $I=100$, $G=55$, $T=30$ を，総需要 $Y^D=C+I+G$ に代入する．

$$Y^D=0.75(Y-30)+20+100+55$$
$$Y^D=0.75Y+152.5$$

財市場の均衡条件（総供給）＝（総需要）より，
$$Y^S = Y^D$$

$Y^S=Y$, $Y^D=0.75Y+152.5$ より，
$$Y=0.75Y+152.5$$
$$Y-0.75Y=152.5$$
$$0.25Y=152.5$$
$$Y=610$$

したがって，租税の変化後の均衡国民所得は610である．

(5) $Y^S=Y$, $Y^D=0.75Y+160$, $Y^D=0.75Y+152.5$ のグラフを描く．

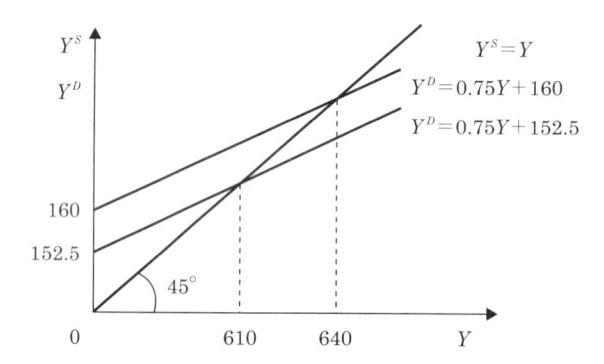

（3） 参加する経済部門が家計，企業，政府の場合～その②

第1章3(3)で説明した同じモデルを使って乗数を考える．

財市場の均衡：（総供給）＝（総需要）
総供給　　　：$Y^S = Y$
総需要　　　：$Y^D = C + I + G$
消費　　　　：$C = 0.8(Y-T) + 70$
投資　　　　：$I = 50$
政府支出　　：$G = 30$
租税　　　　：$T = 0.25Y$

このモデルより，総需要の式は，$Y^D = 0.6Y + 150$，均衡国民所得は375である．これを政府支出の変化前の値とする（総需要の式と均衡国民所得の導出がわからない場合は，必ず，第1章3(3)に戻って復習すること）．

この経済モデルで，定額で与えられた各需要項目は，消費の70（基礎消費の部分），投資の50，政府支出の30である．ここで，政府支出を30から31へ増加する．すなわち，需要項目を1単位増加させる．

このとき，総需要の式は，　$Y^D = C + I + G$
$$Y^D = 0.8(Y - 0.25Y) + 70 + 50 + 31$$
$$Y^D = 0.6Y + 151 \text{ となる．}$$

均衡国民所得は，$Y^S = Y^D$
$$Y = 0.6Y + 151$$
$$Y - 0.6Y = 151$$
$$Y = 377.5$$

政府支出の変化分（ΔG）は $31-30=1$，国民所得の変化分（ΔY）は $377.5 - 375 = 2.5$である．この場合の乗数は，政府支出の1単位増加により国民所得が2.5だけ増える．これは「政府支出乗数」に他ならない．

$Y^S = Y$，$Y^D = 0.6Y + 150$，$Y^D = 0.6Y + 151$ のグラフを描くと次のページのようになる．

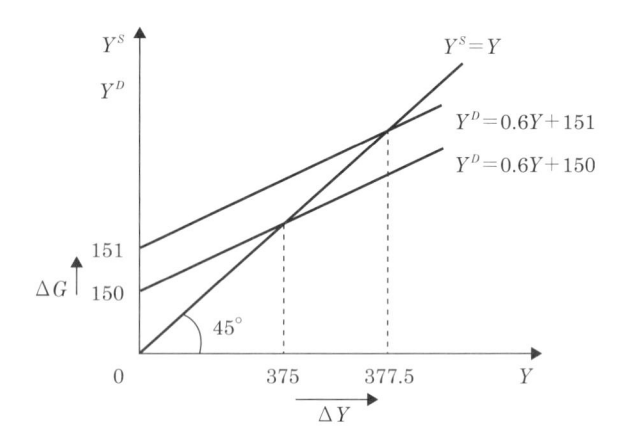

また，政府支出が 20 だけ増加した場合は，政府支出乗数×政府支出の変化分（ΔG）で，国民所得の変化分を算出することができる．政府支出乗数が 2.5 であるので，国民所得の変化分（ΔY）は，

$\Delta Y =$（政府支出乗数）$\times \Delta G$

$\Delta Y = 2.5 \times 20$

$\Delta Y = 50$

乗数を文字式で考えてみる．モデルは以下の通りで，【ドリル 1.6】(3)で解いた問題と同じである．

総供給　：$Y^S = Y$
総需要　：$Y^D = C + I + G$
消費　　：$C = c(Y-T) + A$　　$(0 < c < 1,\ A > 0)$
投資　　：$I = I_0$　　　　　　$(I_0 > 0)$
政府支出：$G = G_0$　　　　　　$(G_0 > 0)$
租税　　：$T = tY + T_0$　　　$(0 < t < 1,\ T_0 > 0)$

このモデルの均衡国民所得は，

$$Y = \frac{1}{1-c(1-t)}(-cT_0 + A + I_0 + G_0)$$ であり，Y_0 とする．

次に，政府支出が G_0 から (G_0+1) へ増加した時のモデルを考える．モデルは以下に示される．

　　総供給　：$Y^S=Y$
　　総需要　：$Y^D=C+I+G$
　　消費　　：$C=c(Y-T)+A$
　　投資　　：$I=I_0$
　　政府支出：$G=G_0+1$
　　租税　　：$T=tY+T_0$

このとき，総需要の式は，　　$Y^D=C+I+G$
$$Y^D=c\{Y-(tY+T_0)\}+A+I_0+G_0+1$$
$$Y^D=cY-ctY-cT_0+A+I_0+G_0+1$$
$$Y^D=c(1-t)Y-cT_0+A+I_0+G_0+1$$

均衡国民所得は，$Y^S=Y^D$ より，
$$Y=\frac{1}{1-c(1-t)}(-cT_0+A+I_0+G_0+1)$$ である．

これが変化後の国民所得であり，Y_1 とする．
国民所得の変化分を求めると，
$$Y_1-Y_0=\frac{1}{1-c(1-t)}$$
$$\Delta Y=\frac{1}{1-c(1-t)}$$

つまり，政府支出が1単位増加したことで国民所得が $\frac{1}{1-c(1-t)}$ だけ増加する．これを「政府支出乗数」と呼ぶ．

政府支出の変化分を ΔG とすれば，国民所得の変化分（ΔY）は，
$$\Delta Y=(政府支出乗数)\times\Delta G$$
$$\Delta Y=\frac{1}{1-c(1-t)}\times\Delta G$$

$c=0.8$, $t=0.25$ の場合,政府支出乗数は $\dfrac{1}{1-c(1-t)}$ に $c=0.8$, $t=0.25$ を代入すれば求まる.

$$\frac{1}{1-c(1-t)}=\frac{1}{1-0.8(1-0.25)}=2.5$$

となり,文字式のモデルの前に取り組んだ問題と同じ答えが出る.

→ この分数の計算ができない場合は,第2章1(1)を復習すること.

同様にして,投資乗数,基礎消費乗数,租税乗数も求めることができる.

乗数の公式（参加する経済部門が家計,企業,政府で租税を定率とする場合）

投資乗数　　　$\Delta Y = \dfrac{1}{1-c(1-t)} \times \Delta I$

基礎消費乗数　$\Delta Y = \dfrac{1}{1-c(1-t)} \times \Delta A$

政府支出乗数　$\Delta Y = \dfrac{1}{1-c(1-t)} \times \Delta G$

租税乗数　　　$\Delta Y = \dfrac{-c}{1-c(1-t)} \times \Delta T$

租税乗数について,均衡国民所得の式を見ると,必ず $-c$ が T_0 の前に付いているので,乗数を導出しても $-c$ が付く（53ページと同様の手順で確認すること）.

54ページで学習した均衡予算乗数は,次のように求めることができる.

政府支出乗数は $\Delta Y_1 = \dfrac{1}{1-c(1-t)}$,租税乗数は $\Delta Y_2 = \dfrac{-c}{1-c(1-t)}$ なので,双方の増加による国民所得の増加分（$\Delta Y = \Delta Y_1 + \Delta Y_2$）は,

$$\Delta Y = \frac{1}{1-c(1-t)} - \frac{-c}{1-c(1-t)}$$

$$\Delta Y = \frac{1-c}{1-c(1-t)} \quad (<1)$$

となる.

【ドリル 2.3】

以下の経済モデルに関して，(1)から(5)の問いに解答しなさい．

財市場の均衡：（総供給）＝（総需要）

総供給　　　：$Y^S = Y$

総需要　　　：$Y^D = C + I + G$

消費　　　　：$C = 0.9(Y - T) + 20$

投資　　　　：$I = 100$

政府支出　　：$G = 55$

租税　　　　：$T = \dfrac{1}{9} Y$

(1) 総需要の式を算出し，均衡国民所得を求めなさい．
(2) 政府支出を 10 だけ新たに増加させた時の総需要の式と均衡国民所得の値を求めなさい．
(3) グラフのタテ軸に Y^S または Y^D，ヨコ軸に Y をとり，総供給と政府支出の変化前と変化後の総需要のグラフを描き，変化前と変化後の均衡国民所得を明示しなさい．
(4) 租税を 10 だけ新たに増加させた時の総需要の式と均衡国民所得の値を求めなさい．
(5) グラフのタテ軸に Y^S または Y^D，ヨコ軸に Y をとり，総供給と租税の変化前と変化後の総需要のグラフを描き，変化前と変化後の均衡国民所得を明示しなさい．

【ドリル2.3：解答】

(1) 政府支出変化前の総需要は，$Y^D=0.8Y+175$，均衡国民所得は875である（この詳細は，【ドリル1.6：解答(2)】を参照すること）．

(2) 政府支出を新たに10だけ増額した時の政府支出は，$G=55+10=65$である．$C=0.9(Y-T)+20$，$I=100$，$G=65$，$T=\frac{1}{9}Y$を，総需要$Y^D=C+I+G$に代入する．

$$Y^D=0.9\left(Y-\frac{1}{9}Y\right)+20+100+65$$

$$Y^D=0.9\times\frac{8}{9}Y+20+100+65$$

$$Y^D=0.8Y+20+100+65$$

$$Y^D=0.8Y+185$$

財市場の均衡条件（総供給）＝（総需要）より，均衡国民所得を求める．

$$Y^S = Y^D$$

$Y^S=Y$，$Y^D=0.8Y+185$より，

$$Y=0.8Y+185$$
$$Y-0.8Y=185$$
$$0.2Y=185$$
$$Y=925$$

したがって，均衡国民所得は925である．

(3) $Y^S=Y$, $Y^D=0.8Y+175$, $Y^D=0.8Y+185$のグラフを描く．

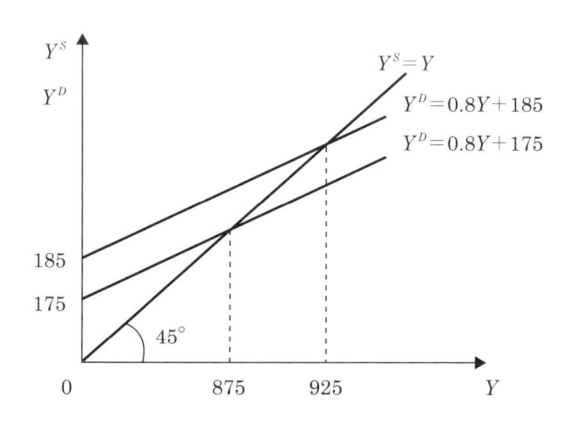

(4) 租税を新たに10だけ増額した時の租税は，$T=\dfrac{1}{9}Y+10$ である．$C=0.9(Y-T)+20$, $I=100$, $G=55$, $T=\dfrac{1}{9}Y+10$ を，総需要 $Y^D=C+I+G$ に代入する．

$$Y^D=0.9\left\{Y-\left(\dfrac{1}{9}Y+10\right)\right\}+20+100+55$$

$$Y^D=0.9\times\dfrac{8}{9}Y-9+20+100+55$$

$$Y^D=0.8Y+166$$

財市場の均衡条件（総供給）＝（総需要）より，均衡国民所得を求める．

$$Y^S = Y^D$$

$Y^S=Y$, $Y^D=0.8Y+166$ より，

$$Y=0.8Y+166$$
$$Y-0.8Y=166$$
$$0.2Y=166$$
$$Y=830$$

したがって，均衡国民所得は830である．

(5) $Y^S=Y$, $Y^D=0.8Y+175$, $Y^D=0.8Y+166$ のグラフを描く．

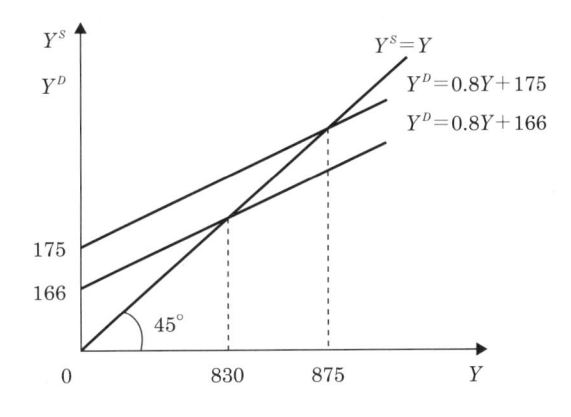

（4） 参加する経済部門が家計，企業，政府，海外の場合

財市場の均衡：（総供給）＝（総需要）

総供給　　　：$Y^S = Y$

総需要　　　：$Y^D = C + I + G + X - M$

消費　　　　：$C = 0.85(Y - T) + 7$

投資　　　　：$I = 15$

政府支出　　：$G = 25$

租税　　　　：$T = 20$

輸出　　　　：$X = 80$

輸入　　　　：$M = 0.1Y + 30$

このモデルより，総需要の式は $Y^D = 0.75Y + 80$，均衡国民所得は 320 である．これらを輸出の変化前の値とする（総需要の式と均衡国民所得の導出がわからない場合は，必ず，第1章3(4)に戻って復習すること）．

この経済モデルで，定額で与えられた各需要項目は，消費の 7（基礎消費の部分），投資の 15，政府支出の 25，租税の 20，輸出の 80，輸入の 30（基礎輸入の部分）である．ここで，輸出を 80 から 81 へ増加する．

このとき，総需要の式は，　　$Y^D = C + I + G + X - M$

$$Y^D = 0.85(Y - 20) + 7 + 15 + 25 + 81 - (0.1Y + 30)$$

$$Y^D = 0.75Y + 81 \text{ となる．}$$

均衡国民所得は，$Y^S = Y^D$

$$Y = 0.75Y + 81$$

$$Y - 0.75Y = 81$$

$$Y = 324$$

輸出の変化分（ΔX）は $81 - 80 = 1$，国民所得の変化分（ΔY）は $324 - 320 = 4$ である．この場合の乗数は，輸出の1単位増加による国民所得の変化分である 4 に相当する．これを「**輸出乗数**」という．

$Y^S = Y$，$Y^D = 0.75Y + 80$，$Y^D = 0.75Y + 81$ のグラフを描く．

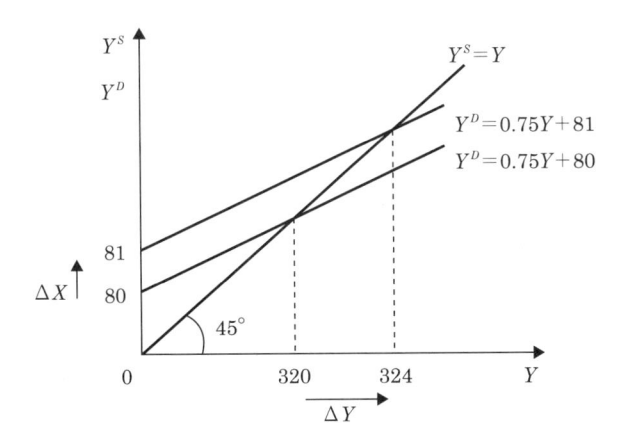

第 2 章　財市場における乗数効果　65

また，輸出が10だけ増加した場合は，輸出乗数×輸出の変化分（ΔX）で，国民所得の変化分を算出することができる．輸出乗数が4であるので，国民所得の変化分（ΔY）は，

ΔY＝（輸出乗数）×ΔX

ΔY＝4×10

ΔY＝40

乗数を文字式で考えてみる．モデルは以下の通りで，【ドリル1.7】(2)で解いた問題と同じである．

総供給　：$Y^S = Y$

総需要　：$Y^D = C + I + G + X - M$

消費　　：$C = c(Y-T) + A$　　$(0 < c < 1,\ A > 0)$

投資　　：$I = I_0$　　　　　　　$(I_0 > 0)$

政府支出：$G = G_0$　　　　　　$(G_0 > 0)$

租税　　：$T = T_0$　　　　　　$(T_0 > 0)$

輸出　　：$X = X_0$　　　　　　$(X_0 > 0)$

輸入　　：$M = mY + B$　　　$(0 < m < 1,\ B > 0)$

均衡国民所得は，$Y = \dfrac{1}{1-c+m}(-cT_0 + A + I_0 + G_0 + X_0 - B)$ であり，この値を

Y_0 とする．次に，輸出が X_0 から (X_0+1) へ増加した時のモデルを考える．モデルは以下に示される．

- 総供給　　：$Y^S = Y$
- 総需要　　：$Y^D = C + I + G + X - M$
- 消費　　　：$C = c(Y-T) + A$
- 投資　　　：$I = I_0$
- 政府支出：$G = G_0$
- 租税　　　：$T = T_0$
- 輸出　　　：$X = X_0 + 1$
- 輸入　　　：$M = mY + B$　　（B：基礎輸入）

このとき，総需要の式は，　$Y^D = C + I + G + X - M$

$$Y^D = cY - cT_0 + A + I_0 + G_0 + X_0 + 1 - (mY + B)$$

$$Y^D = (c-m)Y - cT_0 + A + I_0 + G_0 + X_0 + 1 - B_0$$

均衡国民所得は，$Y^S = Y^D$ より，

$$Y = \frac{1}{1-c+m}(-cT_0 + A + I_0 + G_0 + X_0 + 1 - B)$$ である．

これが変化後の国民所得であり，Y_1 とする．
国民所得の変化分を求めると，

$$Y_1 - Y_0 = \frac{1}{1-c+m}$$

$$\Delta Y = \frac{1}{1-c+m}$$

つまり，輸出が1単位増加したことで国民所得が $\frac{1}{1-c+m}$ だけ増加する．これが一般形の「輸出乗数」である．

輸出の変化分を ΔX とすれば，国民所得の変化分（ΔY）は，

$$\Delta Y = (輸出乗数) \times \Delta X$$

$$\Delta Y = \frac{1}{1-c+m} \times \Delta X$$

$c=0.85$, $m=0.1$ の場合，輸出乗数は $\dfrac{1}{1-c+m}$ に $c=0.85$, $m=0.1$ を代入すれば求まる．

$$\frac{1}{1-c+m}=\frac{1}{1-0.85+0.1}=4$$

となり，文字式のモデルの前に取り組んだ問題と同じ答えが出る．

→ この分数の計算ができない場合は，第2章1(4)を復習すること．

同様にして，投資乗数，基礎消費乗数，政府支出乗数，租税乗数，基礎輸入乗数も求めることができる．

租税乗数について，均衡国民所得の式を見ると，必ず $-c$ が T_0 の前に付いているので，乗数を導出しても $-c$ が付く．また，均衡予算乗数は $\dfrac{-c}{1-c+m}$ となる．

乗数の公式（参加する経済部門が家計，企業，政府，海外の場合）

投資乗数　　　$\Delta Y = \dfrac{1}{1-c+m} \times \Delta I$

基礎消費乗数　$\Delta Y = \dfrac{1}{1-c+m} \times \Delta A$

政府支出乗数　$\Delta Y = \dfrac{1}{1-c+m} \times \Delta G$

租税乗数　　　$\Delta Y = \dfrac{-c}{1-c+m} \times \Delta T$

輸出乗数　　　$\Delta Y = \dfrac{1}{1-c+m} \times \Delta X$

基礎輸入乗数　$\Delta Y = \dfrac{-1}{1-c+m} \times \Delta B$

[補講] 租税乗数と政府支出乗数とを比較すると $\dfrac{c}{1-c+m} < \dfrac{1}{1-c+m}$ なので，減税額と政府支出額とが同一ならば，減税による国民所得の増加分（ΔY）は，政府支出によるものよりも小さい．（すべての場合において，このことが言えることを確認すること）．

【ドリル2.4】

以下の経済モデルに関して，(1)から(5)の問いに解答しなさい．

$$\text{財市場の均衡：（総供給）=（総需要）}$$
$$\text{総供給}：Y^S = Y$$
$$\text{総需要}：Y^D = C + I + G + X - M$$
$$\text{消費}：C = 0.8(Y - T) + 20$$
$$\text{投資}：I = 100$$
$$\text{政府支出}：G = 50$$
$$\text{租税}：T = 25$$
$$\text{輸出}：X = 80$$
$$\text{輸入}：M = 0.2Y + 10$$

(1) 総需要の式を算出し，均衡国民所得を求めなさい．

(2) 政府支出を10だけ新たに増加させた時の総需要の式と均衡国民所得の値を求めなさい．

(3) グラフのタテ軸に Y^S または Y^D，ヨコ軸に Y をとり，総供給と政府支出の変化前と変化後の総需要のグラフを描き，変化前と変化後の均衡国民所得を明示しなさい．

(4) 租税を10だけ新たに増加させた時の総需要の式と均衡国民所得の値を求めなさい．

(5) グラフのタテ軸に Y^S または Y^D，ヨコ軸に Y をとり，総供給と租税の変化前と変化後の総需要のグラフを描き，変化前と変化後の均衡国民所得を明示しなさい．

【ドリル 2.4：解答】

(1) 総需要は $Y^D = 0.6Y + 220$，均衡国民所得は 550 である．
この詳細は【ドリル 1.7：解答(1)】を参照すること．

(2) 政府支出を新たに 10 だけ増額した時の政府支出は，$G = 50 + 10 = 60$ である．$C = 0.8(Y-T) + 20$，$I = 100$，$G = 60$，$T = 25$，$X = 80$，$M = 0.2Y + 10$ を，$Y^D = C + I + G + X - M$ にを代入する．

$Y^D = 0.8(Y-25) + 20 + 100 + 60 + 80 - (0.2Y + 10)$

$Y^D = 0.8Y - 25 \times 0.8 + 20 + 100 + 60 + 80 - (0.2Y + 10)$

$Y^D = 0.6Y + 230$

これを用いて，均衡国民所得を求めることができる．
財市場の均衡条件（総供給）＝（総需要）より，

$$Y^S = Y^D$$

$Y^S = Y$，$Y^D = 0.6Y + 230$ より，

$$Y = 0.6Y + 230$$

$$Y - 0.6Y = 230$$

$$0.4Y = 230$$

$$Y = 575$$

したがって，均衡国民所得は 575 である．

(3) 総供給 $Y^S = Y$，変化前の総需要 $Y^D = 0.6Y + 220$，変化後の総需要 $Y^D = 0.6Y + 230$ のグラフを描くと以下のようになり，変化前の均衡国民所得は E_0，変化後の均衡国民所得は E_1 で示すことができる．

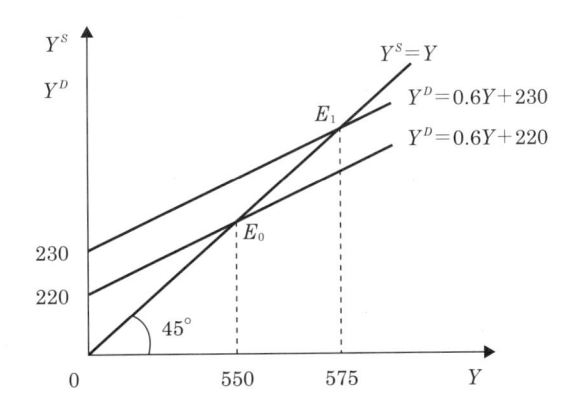

(4) 租税を新たに 10 だけ増額した時の租税は，$T=25+10=35$ である．$C=0.8(Y-T)+20$，$I=100$，$G=50$，$T=35$，$X=80$，$M=0.2Y+10$ を，$Y^D=C+I+G+X-M$ にを代入する．

$Y^D=0.8(Y-35)+20+100+50+80-(0.2Y+10)$

$Y^D=0.8Y-35\times0.8+20+100+50+80-(0.2Y+10)$

$Y^D=0.6Y+212$

これを用いて，均衡国民所得を求めることができる．

財市場の均衡条件（総供給）＝（総需要）より，

$$Y^S = Y^D$$

$Y^S=Y$，$Y^D=0.6Y+212$ より，

$$Y=0.6Y+212$$

$$Y-0.6Y=212$$

$$0.4Y=212$$

$$Y=530$$

したがって，均衡国民所得は 530 である．

(5) 総供給 $Y^S=Y$，変化前の総需要 $Y^D=0.6Y+220$，変化後の総需要 $Y^D=0.6Y+212$ のグラフを描くと以下のようになり，変化前の均衡国民所得は E_0，変化後の均衡国民所得は E_1 で示すことがぎきる．

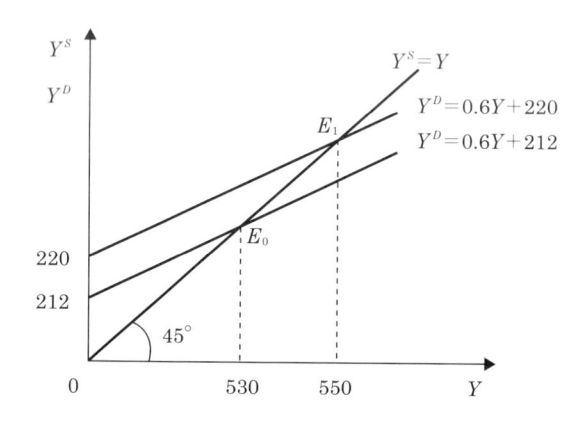

[補講] 家計・企業・政府・海外で租税が比例税の場合

参加する経済部門が家計，企業，政府，海外の場合で，租税に比例税も含まれるケースについて考える．この場合のモデルは以下の通りである．

財市場の均衡：（総供給）＝（総需要）

総供給 ： $Y^S = Y$

総需要 ： $Y^D = C + I + G + X - M$

消費 ： $C = c(Y - T) + A$ 　　($0 < c < 1$, $A > 0$)

投資 ： $I = I_0$ 　　　　　　　($I_0 > 0$)

政府支出 ： $G = G_0$ 　　　　　　　($G_0 > 0$)

租税 ： $T = tY + T_0$ 　　　　($0 < t < 1$, $T_0 > 0$)

輸出 ： $X = X_0$ 　　　　　　　($X_0 > 0$)

輸入 ： $M = mY + B$ 　　　　($0 < m < 1$, $B > 0$)

このモデルの均衡国民所得は，

$$Y = \frac{1}{1 - c(1 - t) + m}(-cT_0 + A + I_0 + G_0 + X_0 - B)$$ である．

これまでの乗数の公式を求める手順と同様にして計算すると，この場合における乗数の公式を導き出すことができる．

―― 乗数の公式（経済部門が家計，企業，政府，海外で租税が比例税の場合）――

投資乗数 　　　$\Delta Y = \dfrac{1}{1 - c(1 - t) + m} \times \Delta I$

基礎消費乗数 　$\Delta Y = \dfrac{1}{1 - c(1 - t) + m} \times \Delta A$

政府支出乗数 　$\Delta Y = \dfrac{1}{1 - c(1 - t) + m} \times \Delta G$

租税乗数 　　　$\Delta Y = \dfrac{-c}{1 - c(1 - t) + m} \times \Delta T$

輸出乗数 　　　$\Delta Y = \dfrac{1}{1 - c(1 - t) + m} \times \Delta X$

基礎輸入乗数 　$\Delta Y = \dfrac{-1}{1 - c(1 - t) + m} \times \Delta B$

2. インフレギャップ

第1章3で，総需要と総供給とが一致する財市場の均衡について考えたが，それは必ずしも労働市場においてはすべての労働者が雇用される，すなわち，完全雇用を実現するとは限らない．労働市場において完全雇用を実現し，それと同時に財市場の均衡が実現する国民所得を「**完全雇用国民所得**」(Y_F) と呼ぶ．

以下のモデルで考える．

財市場の均衡	：(総供給)＝(総需要)
総供給	：$Y^S = Y$
総需要	：$Y^D = C + I + G$
消費	：$C = 0.6(Y-T) + 45$
投資	：$I = 50$
政府支出	：$G = 40$
租税	：$T = 25$
完全雇用国民所得	：$Y_F = 225$

はじめに，総需要の式を算出すると，$Y^D = C + I + G$ に，$C = 0.6(Y-T) + 45$，$I = 50$，$G = 40$，$T = 25$ を代入する．

$$Y^D = 0.6(Y-25) + 45 + 50 + 40$$
$$Y^D = 0.6Y - 25 \times 0.6 + 45 + 50 + 40$$
$$Y^D = 0.6Y - 15 + 45 + 50 + 40$$
$$Y^D = 0.6Y + 120$$

これを用いて，均衡国民所得を求めることができる．
財市場の均衡条件（総供給）＝（総需要）より，

$$Y^S = Y^D$$

$Y^S = Y$，$Y^D = 0.6Y + 120$ より，

$$Y = 0.6Y + 120$$
$$Y - 0.6Y = 120$$
$$0.4Y = 120$$
$$Y = 300$$

この時,均衡国民所得(300)が完全雇用国民所得(225)を超えている.グラフを描くと以下のようになる.この場合,完全雇用国民所得(225)の下での総需要($Y^D(255)$)が総供給($Y^S=225$)より大きい値をとっており,物価上昇の可能性がある.この差 $Y^D(255)-225$ を「**インフレギャップ**」という.

インフレギャップの大きさを求めるには,$Y=225$ を $Y^D=0.6Y+120$ に代入すればよい.$Y^D = 0.6 \times 225 + 120$
$$Y^D = 255$$

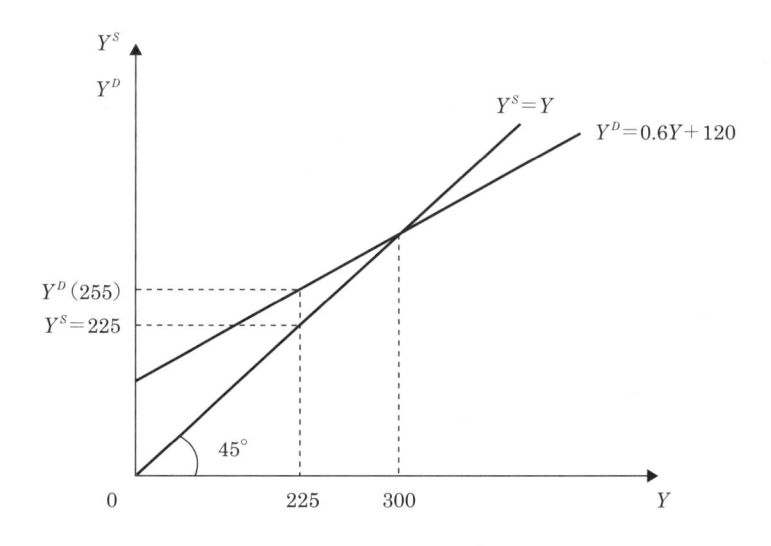

したがって,インフレギャップの大きさは,
$$Y^D - Y_F = 255 - 225 = 30 \text{ である.}$$
このインフレギャップを解消するには,政府支出を30だけ減らして,総需要を縮小させればよい.

【ドリル 2.5】

以下の経済モデルに関して，(1)〜(3)の問いに解答しなさい．

財市場の均衡　　：（総供給）＝（総需要）
総供給　　　　　：$Y^S = Y$
総需要　　　　　：$Y^D = C + I + G$
消費　　　　　　：$C = 0.8(Y - T) + 35$
投資　　　　　　：$I = 25$
政府支出　　　　：$G = 20$
租税　　　　　　：$T = 25$
完全雇用国民所得：$Y_F = 250$

(1) 総需要の式を算出し，均衡国民所得を求めなさい．
(2) グラフのタテ軸に Y^S または Y^D，ヨコ軸に Y をとり，総供給と総需要のグラフを描き，均衡国民所得と完全雇用国民所得を明示しなさい．
(3) インフレギャップの大きさを求めなさい．

【ドリル 2.5：解答】

(1) 総需要：$Y^D = C + I + G$

$Y^D = 0.8(Y-25) + 35 + 25 + 20$

$Y^D = 0.8Y + 60$

財市場の均衡：$Y^S = Y^D$ より

$Y = 0.8Y + 60$

$0.2Y = 60$

$Y = 300$

(2)

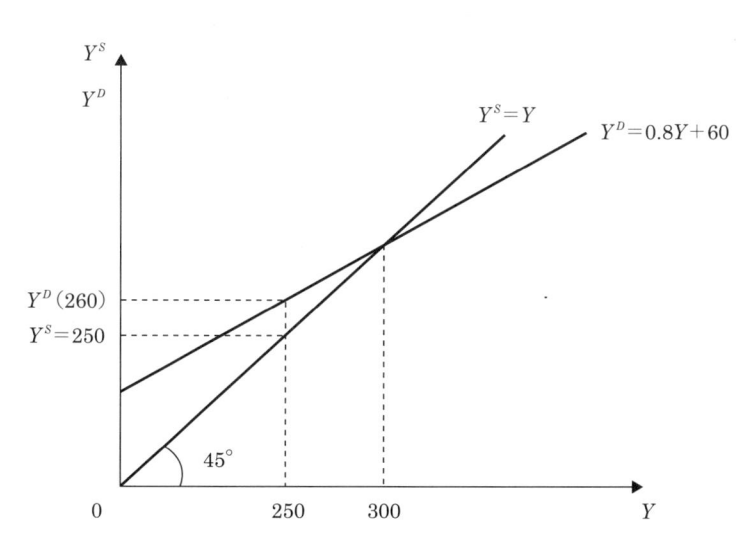

均衡国民所得300は，完全雇用国民所得250よりも大きいので，インフレギャップが発生している．

(3) $Y_F = 250$ のときの，総需要 $Y^D(260)$ を求める．

総需要：$Y^D = 0.8Y + 60$ より

$Y^D = 0.8 \times 250 + 60$

$= 260$

したがって，インフレギャップの大きさは

$260 - 250 = 10$

インフレギャップは 10 発生している．
したがって，10 だけ政府支出を減らせばよい．

[**補講**]　インフレギャップの発生に関する判定をするには，以下の手順で行えばよい．
　① 均衡国民所得（Y^*）の導出
　② 完全雇用国民所得（Y_F）と均衡国民所得との大小関係
$Y_F < Y^*$ となれば，インフレギャップが発生する．

また，インフレギャップの大きさを求めるには，以下の手順で行う．
　① 総需要 Y^D に完全雇用国民所得を代入：$Y^D(Y_F)$
　② Y_F と $Y^D(Y_F)$ との差額を計算

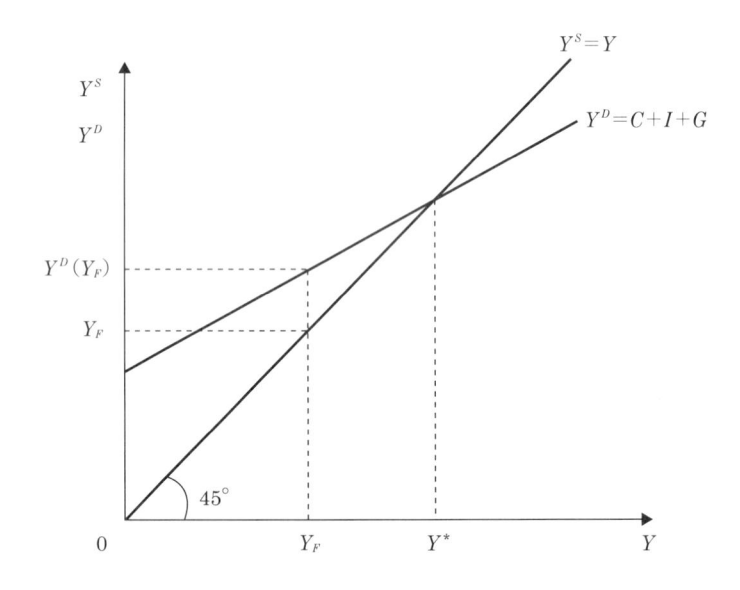

$Y^D(Y_F) - Y_F$：「インフレギャップ」

3. デフレギャップ

ここでは，以下のモデルで，均衡国民所得の値が完全雇用国民所得を下回る場合について考えることにする．

- 財市場の均衡　　：（総供給）＝（総需要）
- 総供給　　　　　：$Y^S = Y$
- 総需要　　　　　：$Y^D = C + I + G$
- 消費　　　　　　：$C = 0.8(Y-T) + 15$
- 投資　　　　　　：$I = 5$
- 政府支出　　　　：$G = 10$
- 租税　　　　　　：$T = 10$
- 完全雇用国民所得：$Y_F = 120$

はじめに，総需要の式を算出すると，$Y^D = C + I + G$ に，$C = 0.8(Y-T) + 15$，$I = 5$，$G = 10$，$T = 10$ を代入する．

$$Y^D = 0.8(Y-10) + 15 + 5 + 10$$
$$Y^D = 0.8Y - 10 \times 0.8 + 15 + 5 + 10$$
$$Y^D = 0.8Y - 8 + 15 + 5 + 10$$
$$Y^D = 0.8Y + 22$$

これを用いて，均衡国民所得を求めることができる．
財市場の均衡条件（総供給）＝（総需要）より，

$$Y^S = Y^D$$

$Y^S = Y$，$Y^D = 0.8Y + 22$ より，

$$Y = 0.8Y + 22$$
$$Y - 0.8Y = 22$$
$$0.2Y = 22$$
$$Y = 110$$

この時，均衡国民所得（110）が完全雇用国民所得（120）を下回る．グラフを描くと以下のようになる．この場合，完全雇用国民所得（120）の下での総需要（Y^D(118)）が総供給（Y^S=120）より小さい値をとっており，非自発的失業や総需要の不足が生じる可能性がある．この差 $120-Y^D$(118) を「**デフレギャップ**」という．非自発的失業とは，就職希望者が仕事を見つけることができない状態である．

デフレギャップの大きさを求めるには，$Y=120$ を $Y^D=0.8Y+22$ に代入し，完全雇用国民所得と Y^D の差を計算すればよい．

$Y^D=0.8\times 120+22$

$Y^D=118$

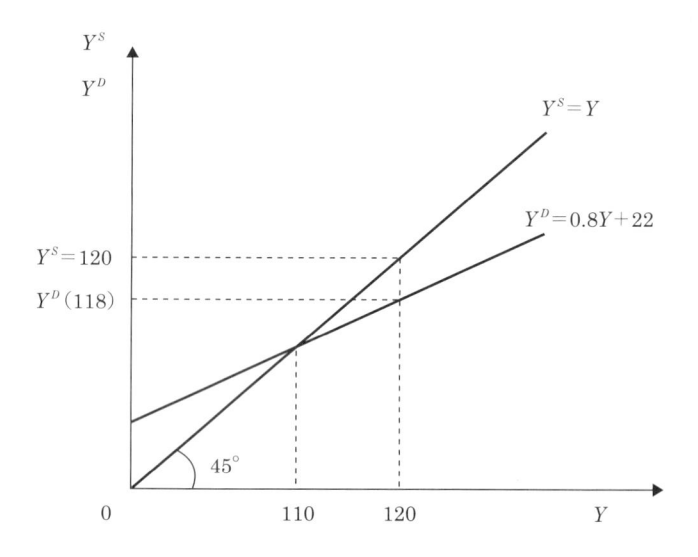

したがって，デフレギャップの大きさは，

$Y_F-Y^D=120-118=2$ である．

このデフレギャップを解消するには，政府支出を 2 だけ増やして，総需要を拡大させればよい．

【ドリル 2.6】

以下の経済モデルに関して，(1)〜(3)の問いに解答しなさい．

- 財市場の均衡 ：(総供給)＝(総需要)
- 総供給 ：$Y^S = Y$
- 総需要 ：$Y^D = C + I + G + X - M$
- 消費 ：$C = 0.7(Y - T) + 24$
- 投資 ：$I = 13$
- 政府支出 ：$G = 30$
- 租税 ：$T = 10$
- 輸出 ：$X = 35$
- 輸入 ：$M = 0.2Y + 5$
- 完全雇用国民所得：$Y_F = 200$

(1) 総需要の式を算出し，均衡国民所得を求めなさい．
(2) グラフのタテ軸に Y^S または Y^D，ヨコ軸に Y をとり，総供給と総需要のグラフを描き，均衡国民所得と完全雇用国民所得を明示しなさい．
(3) デフレギャップの大きさを求めなさい．

【ドリル 2.6：解答】

(1) 総需要：$Y^D = C + I + G + X - M$

$$Y^D = 0.7(Y-10) + 24 + 13 + 30 + 35 - (0.2Y + 5)$$

$$Y^D = 0.5Y + 90$$

財市場の均衡条件 $Y^S = Y^D$ より

$$Y = 0.5Y + 90$$

$$Y = 180$$

(2)

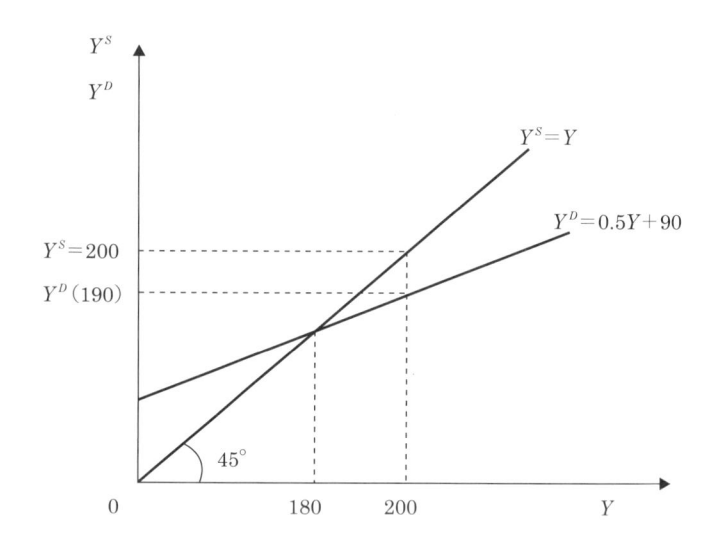

均衡国民所得 180 は，完全雇用国民所得 200 よりも小さいので，デフレギャップが発生している．

(3) $Y_F = 200$ のときの，総需要 $Y^D(190)$ を求める．

総需要：$Y^D = 0.5Y + 90$ より

$$Y^D = 0.5 \times 200 + 90$$

$$= 190$$

したがって，デフレギャップの大きさは

$200 - 190 = 10$

デフレギャップは 10 発生している．
したがって，10 だけ政府支出を増やせばよい．

[補講]　デフレギャップの発生に関する判定をするには，以下の手順で行えばよい．
① 均衡国民所得（Y^*）の導出
② 完全雇用国民所得（Y_F）と均衡国民所得との大小関係
$Y_F > Y^*$ となれば，デフレギャップが発生する．

また，デフレギャップの大きさを求めるには，以下の手順で行う．
① 総需要 Y^D に完全雇用国民所得を代入：$Y^D(Y_F)$
② Y_F と $Y^D(Y_F)$ との差額を計算

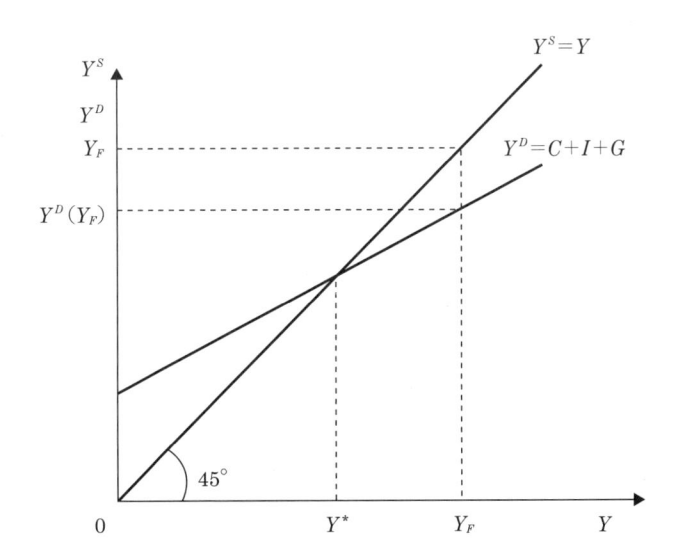

$Y_F - Y^D(Y_F)$：「デフレギャップ」

第3章

投資関数とIS曲線

1. 投資の限界効率

　投資とは，企業が新しく資本設備（機械）を購入することであり，購入時に支払うお金を「費用」という．例えば，2000万円を投資してコンビニエンスストアを建てた時，投資にかかる費用は2000万円である．

　企業が商品やサービスを売ることでお客さんから受けとるお金を，「売上」という．売上は定価×販売した数量で算出される．例えば，定価500円の弁当を1年間で6万個販売した時，売上は，500×6万＝3000万円である．

　売上から費用を差し引いた値を「収益」という．

　　　　　収益＝売上－費用

例えば，2000万円を投資してコンビニエンスストアを建て，弁当の1年間の売上が3000万円であれば，投資で得られる収益は，

　　　3000万円－2000万円＝1000万円である．

投資を行うことで得られると予想される収益と，投資にかかる費用との比率を「限界効率」という．

　　　　　限界効率＝収益／費用

例えば，1000万円を投資してコンビニエンスストアを建てた時，その店の1年間の収益が300万円になるとする．この場合の限界効率は，

　　　300万円／1000万円

　　　＝0.3

　　　＝30%

以下のようなA駅周辺に4つの同じコンビニエンスストアを建てる投資プロジェクトがあるとする．

	1店目	2店目	3店目	4店目
費用	1000万円	1000万円	1000万円	1000万円
収益	400万円	300万円	200万円	100万円

このとき，各期の投資プロジェクトの限界効率は，次のように計算できる．

A駅周辺にはまったくコンビニエンスストアがなかったとき，はじめの1店目の限界効率は，400万円／1000万円＝0.4＝40％

もう1つお店を増やして2店目を出したときの限界効率は，

300万円／1000万円＝0.3＝30％

同様にして，3店目，4店目と出した場合の限界効率は，

3店目　200万円／1000万円＝0.2＝20％

4店目　100万円／1000万円＝0.1＝10％

タテ軸に投資の限界効率，ヨコ軸に投資額として，各店の限界効率を棒グラフで示すと以下のようになる．ここで，限界効率のグラフを描く．0店から1店へ，1店から2店へとお店を新たに増やしたことによる収益であるので，棒グラフの頂上の真ん中をとる．この「新たに1つ増やす」という意味をもつのが「限界」という言葉なのである．

各棒グラフの頂上の真ん中の点をとって線で結ぶと，投資の限界効率と投資額との関係は，右下がりのグラフになる．つまり，投資額を1000万円ずつ段階的に増やすことで限界効率が次第に減っていき，次のページのような右下がりの線になる．これを**投資の限界効率表**という．

84 第Ⅰ部 マクロ経済学の基礎

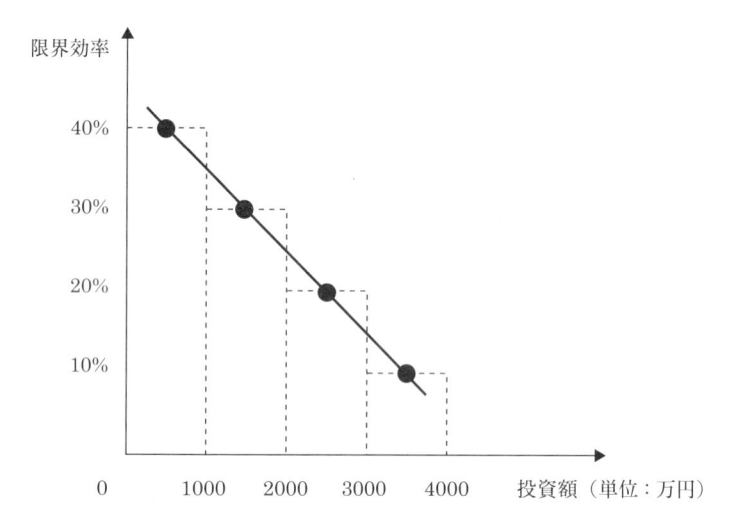

限界効率

40%

30%

20%

10%

0　　1000　2000　3000　4000　投資額（単位：万円）

【ドリル 3.1】

(1)から(3)の投資プロジェクトに関して各店の限界効率を算出し，限界効率表を作成しなさい．

(1)

	1店目	2店目	3店目	4店目
費用	1400万円	1400万円	1400万円	1400万円
収益	700万円	560万円	420万円	280万円

(2)

	1店目	2店目	3店目	4店目
費用	1250万円	1250万円	1250万円	1250万円
収益	500万円	375万円	250万円	125万円

(3)

	1店目	2店目	3店目	4店目
費用	1300万円	1300万円	1300万円	1300万円
収益	455万円	325万円	195万円	65万円

【ドリル 3.1：解答】

(1) はじめの1店目の限界効率は，

　　700万円／1400万円＝0.5＝50%

　もう1つお店を増やして2店目を出したときの限界効率は，

　　560万円／1400万円＝0.4＝40%

　同様にして，3店目，4店目と出した場合の限界効率は，

　　3店目　420万円／1400万円＝0.3＝30%

　　4店目　280万円／1400万円＝0.2＝20%

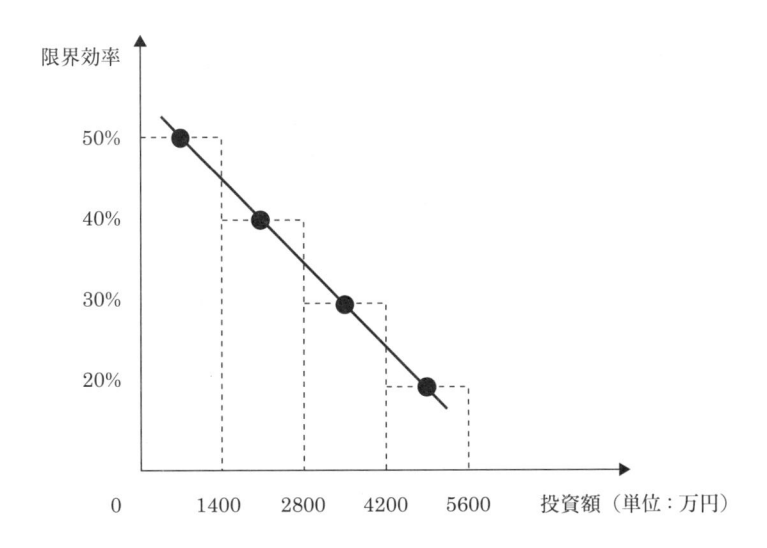

(2) はじめの1店目の限界効率は，

　　500万円／1250万円＝0.4＝40%

　もう1つお店を増やして2店目を出したときの限界効率は，

　　375万円／1250万円＝0.3＝30%

　同様にして，3店目，4店目と出した場合の限界効率は，

　　3店目　250万円／1250万円＝0.2＝20%

　　4店目　125万円／1250万円＝0.1＝10%

86　第Ⅰ部　マクロ経済学の基礎

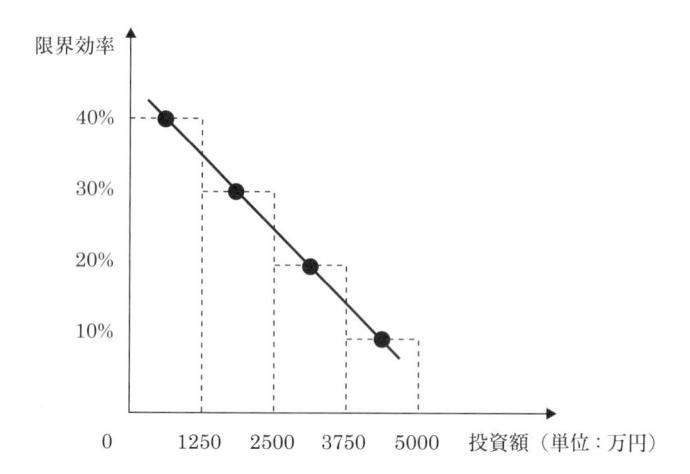

```
限界効率
40% ●
30%    ●
20%        ●
10%            ●
 0  1250 2500 3750 5000  投資額（単位：万円）
```

(3)　はじめの1店目の限界効率は，

　　455万円／1300万円＝0.35＝35%

　もう1つお店を増やして2店目を出したときの限界効率は，

　　325万円／1300万円＝0.25＝25%

　同様にして，3店目，4店目と出した場合の限界効率は，

　　3店目　195万円／1300万円＝0.15＝15%

　　4店目　 65万円／1300万円＝0.05＝ 5%

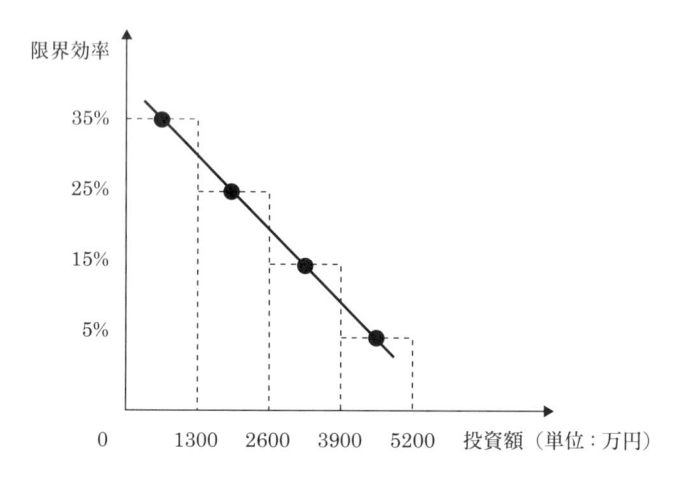

```
限界効率
35% ●
25%    ●
15%        ●
 5%            ●
 0  1300 2600 3900 5200  投資額（単位：万円）
```

2. 投資関数

（1） 投資の実行条件

　企業が投資を行うには多額のお金を借りてくる必要がある．お金を借りてくることを資金調達という．資金調達の方法としては，銀行借入や社債発行といった企業外部からの資金調達と自己資本を通じた企業内部の資金調達がある．これらの借りたお金は利息分を含めて返済しなければならない．企業は，この利息分を「資金調達にかかる費用」として捉え，投資の限界効率と比較して，前者が後者を下回る場合に投資を実行することが望ましいと考える．したがって，投資の実行条件は，市場利子率＜投資の限界効率となる．

　以下のグラフの左では，借金の利息に相当する利子率が12.5%とした場合，それよりも大きい限界効率を予想できる投資プロジェクトのみを実行することになる．前節で用いた例，A駅周辺へのコンビニエンスストアの出店で検討する．

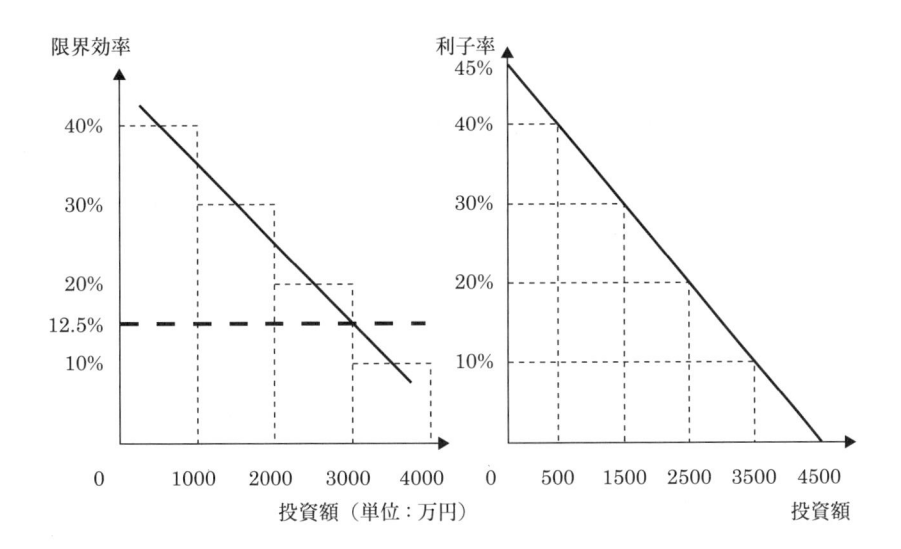

1店目，2店目，3店目の限界効率は，利子率の12.5%を上回るので，3つのお店を出してももうけることができる．したがって，この場合，A駅周辺へ3つのコンビニエンスストアを出すことになる．利子率が上昇すれば，出店数が減少する．出店数を投資額と捉えれば，利子率の上昇により，投資額が減少すると言い換えることができる．

市場利子率と限界効率とが一致する投資額がその最大値と捉え，限界効率表のタテ軸の「投資の限界効率」を利子率と置き換えることができ，利子率と投資額との関係，すなわち，**投資関数**を導出することが可能である．それを示したのが，前ページの右側の右下がりのグラフである．

グラフより，投資が1000増えたら，利子率が10だけ減少する．言い換えれば，投資が1増えたら，利子率が0.01減少する．したがって，傾きは-0.01である．タテ軸切片は，投資が500から0に減少することで，利子率がどのくらい変化するかを求めることができる．投資500の時の利子率は40で，傾きが-0.01なので，投資の500の減少は，利子率を$5(=-0.01 \times -500)$だけ上昇させる．したがって，投資が0の時の利子率は45である．45がタテ軸切片の値であり，投資関数は，$r=-0.01I+45$となる．

ここで，注意しなければならないのは，投資が増えたら利子率が減少するという表現である．企業は，利子率の変動を考慮して，投資プロジェクトの実行を決定する．したがって，利子率が減少したとき，投資が増えるという表現が正しい．この表現に合うようにこの式を投資$I=$〜の式に変形する．

$$I=-100r+4500$$

これを投資関数と呼ぶ．-100が傾き（$I=$〜）となり，4500はヨコ軸切片である．ここでの傾き（$I=$〜）とは，利子率（タテ軸）が1つ増えることによる投資（ヨコ軸）の変化分である．第1章で学習した傾きは，xが1つ増えることによるyの変化分であって，ここで学ぶ内容は，タテとヨコが入れ替わっている．以降，本書では，第1章で学習した傾きと同じ意味を持つものは，「傾き」と表記し，ここで学習した傾きと同じものについては，「傾き（ヨコ軸変数＝〜）」と表記する．

例えば，タテ軸変数がy，ヨコ軸変数がxのとき，yが1つ増えたことによ

る x の変化分という意味の傾きを，傾き (x) と表記する．

[補講] 投資関数のヨコ軸切片は，独立投資である．
　例えば，$I=-100r+4500$ について，利子率が 0 の場合，投資が 4500 となる．言い換えれば，投資額 4500 は，利子率の大きさに依存することなく決まる．このような投資額を**独立投資**という．
　$-b$ を傾き (I)，I_0：独立投資とすれば，投資関数は，
$$I=-br+I_0$$
と表記できる．

【ドリル 3.2】
　次の投資関数からタテ軸切片，ヨコ軸切片，傾き，傾き $(I=\sim)$ を答え，グラフを描きなさい．タテ軸は r，ヨコ軸は I とする．
(1)　$r=-0.01I+65$
(2)　$r=-0.05I+6$
(3)　$r=-0.08I+0.072$
(4)　$r=-0.4I+8$

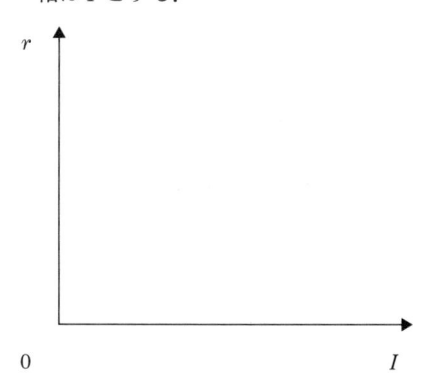

90　第Ⅰ部　マクロ経済学の基礎

【ドリル3.2：解答】

(1)　$r = -0.01I + 65$ より，

傾きは -0.01，タテ軸切片は 65

$r = -0.01I + 65$ を $I = \sim$ に変形すると，

$I = -100r + 6500$

傾き(I)は -100，ヨコ軸切片は 6500

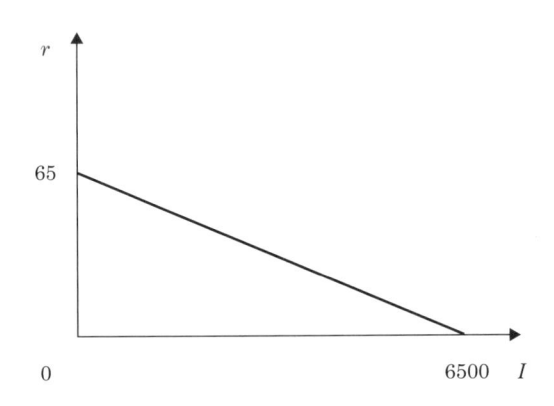

(2)　$r = -0.05I + 6$ より，

傾きは -0.05，タテ軸切片は 6

$r = -0.05I + 6$ を $I = \sim$ に変形すると，

$I = -20r + 120$

傾き(I)は -20，ヨコ軸切片は 120

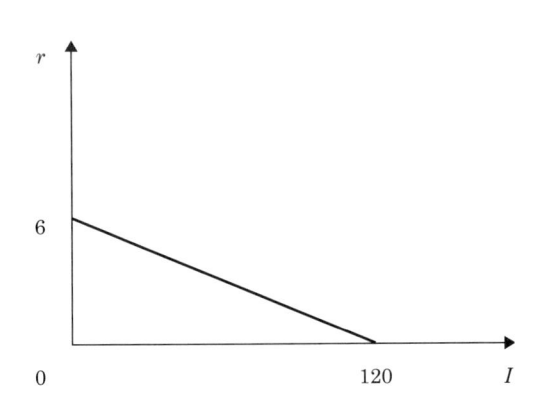

(3) $r = -0.08I + 0.072$ より,

傾きは -0.08, タテ軸切片は 0.072

$r = -0.08I + 0.072$ を $I = \sim$ に変形すると,

$I = -12.5r + 0.9$

傾き (I) は -12.5, ヨコ軸切片は 0.9

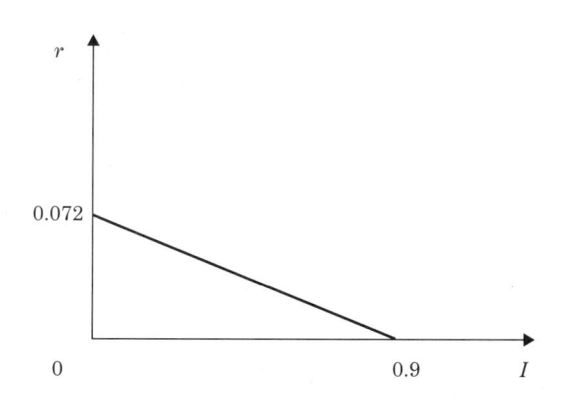

(4) $r = -0.4I + 8$ より,

傾きは -0.4, タテ軸切片は 8

$r = -0.4I + 8$ を $I = \sim$ に変形すると,

$I = -2.5r + 20$

傾き (I) は -2.5, ヨコ軸切片は 20

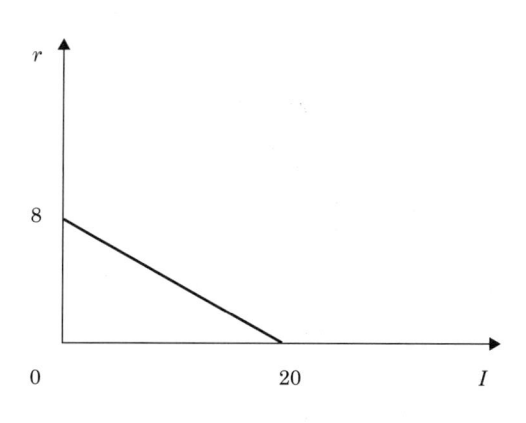

（2） 投資の利子弾力性

投資の利子弾力性とは，利子率の1%変化に対する投資の変化分の大きさを示しており，利子率の変化に対する投資額の反応度のことである．

投資関数を $I=-100r+4500$ とし，利子率が30%から20%へ下落した時について考える．各利子率を投資関数に代入して投資額を求める．

変化前の利子率30%の時，投資額は1500である．

変化後の利子率20%の時，投資額は2500である．

投資関数のグラフを描き，変化前と変化後に関する利子率と投資額を明示すると以下のようになる．

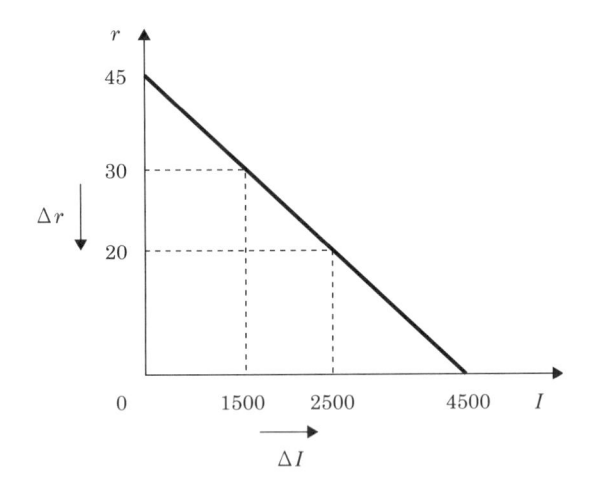

利子率の変化分： $\Delta r = 20 - 30 = -10$

投資額の変化分： $\Delta I = 2500 - 1500 = 1000$

ここで，投資の利子弾力性を定義すると，

$$\text{投資の利子弾力性} = -\frac{\text{投資額の変化率}}{\text{利子率の変化率}}$$

変化率とは，$\frac{\text{変化分}}{\text{変化前の値}} \times 100$ であり，それぞれの変化率を計算すると，

利子率の変化率は $\frac{-10}{30} \times 100 = -\frac{100}{30}$

投資の変化率は $\dfrac{1000}{1500} \times 100 = \dfrac{200}{3}$

となり，投資の利子弾力性は $-\left(\dfrac{200}{3}\right) \div \left(-\dfrac{100}{3}\right) = 2$ と求めることができる．

　利子弾力性に−が付くのは弾力性の大きさはプラスで表記するためで，利子率の減少に対し投資額が増加するので，利子率の変化率と投資額の変化率の比率はマイナスになる．このマイナスをプラスで表すためには，マイナスをかける．例えば，−5を5と表記するために−(−5)とすれば，5と表すことができる．

　利子率の変化分：$\Delta r = r_2 - r_1$，投資の変化分：$\Delta I = I_2 - I_1$，添字の1は変化前，添字の2は変化後を示す．

$$投資の利子弾力性 = -\dfrac{投資額の変化率}{利子率の変化率}$$

$$= -\dfrac{\dfrac{\Delta I}{I_1}}{\dfrac{\Delta r}{r_1}}$$

$$= -\dfrac{\Delta I}{I_1} \div \dfrac{\Delta r}{r_1}$$

$$= -\dfrac{\Delta I}{I_1} \times \dfrac{r_1}{\Delta r}$$

$$= -\dfrac{\Delta I}{\Delta r} \times \dfrac{r_1}{I_1}$$

$\dfrac{\Delta I}{\Delta r}$ は $\dfrac{投資額の変化分}{利子率の変化分}$ であり，利子率が1つ増えたことによる投資額の変化分，すなわち，投資関数の傾き（I）のことである．

$$投資の利子弾力性 = -(傾き(I)) \times \dfrac{変化前の利子率}{変化前の投資額}$$

前ページの例を使うと，傾き（I）＝−100，変化前の利子率＝30%，変化前の投資額＝1500であることより，

投資の利子弾力性 $= -(-100) \times \dfrac{30}{1500} = 2$ と求めることができる．

【ドリル3.3】

次の投資関数のグラフを描きなさい．座標については，タテ軸は r，ヨコ軸は I とする．変化前の利子率を3%，変化後の利子率を1%とし，変化前と変化後の投資額と投資の利子弾力性を求めなさい．

(1) $r = -0.05I + 6$

(2) $r = -0.4I + 8$

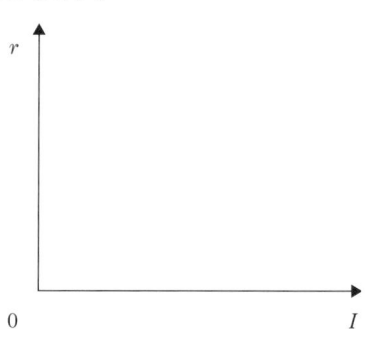

【ドリル3.3：解答】

(1) $r=-0.05I+6$ に変化前の利子率3%を代入すると，

$3=-0.05I+6$

$0.05I=3$

$I=60$

$r=-0.05I+6$ に変化後の利子率1%を代入すると，

$1=-0.05I+6$

$0.05I=5$

$I=100$

したがって，利子率の変化分と投資の変化分は，

利子率の変化分：$\Delta r=3-1=2$

投資額の変化分：$\Delta I=60-100=-40$ である．

$$\text{投資の利子弾力性}=-\frac{\Delta I}{\Delta r}\cdot\frac{r_1}{I_1}$$

$$=-\frac{-40}{2}\cdot\frac{3}{60}$$

$$=1$$

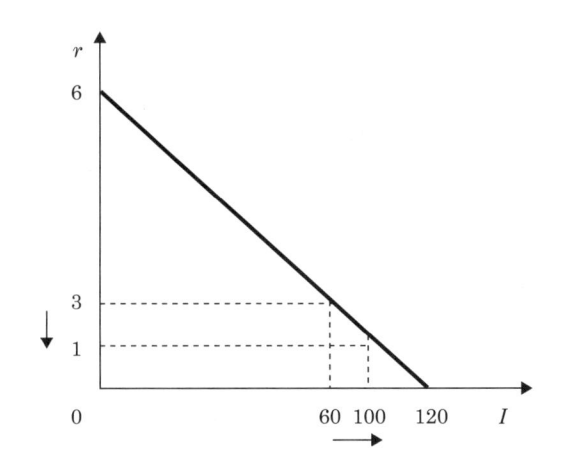

(2) $r=-0.4I+8$ に変化前の利子率 3% を代入すると,
$3=-0.4I+8$
$0.4I=5$
$I=12.5$
$r=-0.4I+8$ に変化後の利子率 1% を代入すると,
$1=-0.4I+8$
$0.4I=7$
$I=17.5$

したがって, 利子率の変化分と投資の変化分は,

利子率の変化分：$\Delta r=3-1=2$

投資額の変化分：$\Delta I=12.5-17.5=-5$ である.

$$\begin{aligned}投資の利子弾力性 &= -\frac{\Delta I}{\Delta r} \cdot \frac{r_1}{I_1} \\ &= -\frac{-5}{2} \cdot \frac{3}{12.5} \\ &= 0.6\end{aligned}$$

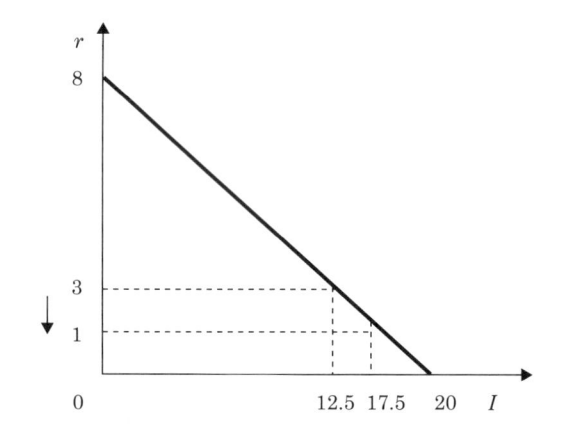

3. 割引現在価値

割引現在価値とは，将来のお金を現在の価値に直したものである．現在のお金の価値は将来のお金の価値と異なる．現在の 1000 円の価値が将来の 1000 円と異なるのでその差額を考慮して測定した貨幣の価値である．例えば，1 年の利子率が 5% の時，1000 円を銀行に 1 年間預金しておけば，来年には 1050 円になるということから，現在のお金の価値と将来のお金の価値との違いが理解できる．また，我々は，他人からお金を借りたら，借りたお金のほかに利息を付けて返していることからもわかるだろう．

現在の利子率を r とすれば，現在の X 円は来年の $(1+r)X$ 円に相当する．$(1+r)X$ を X の将来価値という．この時，以下のような関係式が成り立つ．

$$
\begin{array}{cc}
\text{来年} & \text{現在} \\
(1+r)X \text{円} = & X \text{円}
\end{array}
$$

両辺を $(1+r)$ で割ると，

$$
\begin{array}{cc}
\text{来年} & \text{現在} \\
X \text{円} = & \dfrac{X}{1+r} \text{円}
\end{array}
$$

となり，$\dfrac{X}{1+r}$ 円を，来年の X 円の「割引現在価値」という．

次に，2 年後の X 円の割引現在価値を求めると，現在の利子率を r とすれば，現在の X 円は 2 年後の $(1+r)^2 X$ 円に相当する．したがって，以下のような関係式が成り立つ．

$$
\begin{array}{cc}
\text{2 年後} & \text{現在} \\
(1+r)^2 X \text{円} = & X \text{円}
\end{array}
$$

両辺を $(1+r)^2$ で割れば，

$$
\begin{array}{cc}
\text{2 年後} & \text{現在} \\
X \text{円} = & \dfrac{X}{(1+r)^2} \text{円}
\end{array}
$$

となる．

したがって，2年後のX円の割引現在価値は$\frac{X}{(1+r)^2}$円となる．

同様にして，n年後のX円の割引現在価値を求めると，$\frac{X}{(1+r)^n}$円となる．

　この割引現在価値の考え方を使って，投資プロジェクトを実行することで得られる収益の割引現在価値を求める．例えば，N駅周辺に大型電気店に出店する投資プロジェクトを実行する．このプロジェクト実施の1年後に4,400万円の収益が見込まれ，2年後には3,630万円，3年後に2662万円の収益が見込まれる．4年後以降には収益は見込まれない．利子率が年10%で固定されているとき，この投資プロジェクトから得られる収益の割引現在価値を計算する．

$$1\text{年後の収益の割引現在価値} = \frac{4400}{1+0.1} = \frac{4400}{1.1} = 4000\text{万円}$$

$$2\text{年後の収益の割引現在価値} = \frac{3630}{(1+0.1)^2} = \frac{3630}{1.21} = 3000\text{万円}$$

$$3\text{年後の収益の割引現在価値} = \frac{2662}{(1+0.1)^3} = \frac{2662}{1.331} = 2000\text{万円}$$

$$4\text{年後以降} = 0\text{円}$$

したがって，収益の割引現在価値は，

$$4000\text{万円} + 3000\text{万円} + 2000\text{万円} + 0\text{円} = 9000\text{万円}$$

【ドリル3.4】

例えば，N駅周辺に大型電気店に出店する投資プロジェクトを実行する．このプロジェクト実施の1年後に4,560万円の収益が見込まれ，2年後には4,032万円，3年後に3,456万円の収益が見込まれる．4年後以降には収益は見込まれない．利子率が年20%で固定されているとする．次の(1)〜(5)の割引現在価値を求めなさい．

(1) 1年後の収益の割引現在価値
(2) 2年後の収益の割引現在価値
(3) 3年後の収益の割引現在価値
(4) 4年後の収益の割引現在価値
(5) 投資プロジェクトから得られる収益の割引現在価値

100 第Ⅰ部 マクロ経済学の基礎

【ドリル 3.4：解答】

(1) 1年後の収益の割引現在価値 $= \dfrac{4560}{1+0.2} = \dfrac{4560}{1.2} = 3800$ 万円

(2) 2年後の収益の割引現在価値 $= \dfrac{4032}{(1+0.2)^2} = \dfrac{4032}{1.44} = 2800$ 万円

(3) 3年後の収益の割引現在価値 $= \dfrac{3456}{(1+0.2)^3} = \dfrac{3456}{1.728} = 2000$ 万円

(4) 4年後以降 $= 0$ 円

(5) 3800 万円 ＋ 2800 万円 ＋ 2000 万円 ＋ 0 円 ＝ 8600 万円

4. IS曲線

IS曲線とは，財市場の均衡を実現する利子率と国民所得の組合せの軌跡のことである．財市場の均衡とは，第1章3節で学習した（総供給：Y^S）＝（総需要：Y^D）のことである．以下のような経済モデルで，IS曲線を導出することとする．

  財市場の均衡：（総供給）＝（総需要）
  総供給 ：$Y^S=Y$
  総需要 ：$Y^D=C+I+G$
  消費   ：$C=0.8(Y-T)+70$
  投資   ：$I=-0.1r+50$
  政府支出 ：$G=30$
  租税   ：$T=25$

はじめに，総需要の式を算出すると，$Y^D=C+I+G$ に，$C=0.8(Y-T)+70$，$I=-0.1r+50$，$G=30$，$T=25$ を代入する．

$$Y^D=0.8(Y-25)+70-0.1r+50+30$$
$$Y^D=0.8Y-25\times0.8+70-0.1r+50+30$$
$$Y^D=0.8Y-20+70-0.1r+50+30$$
$$Y^D=0.8Y-0.1r+130$$

次に，財市場の均衡条件（総供給）＝（総需要）より，IS曲線を導出する．
$$Y^S = Y^D$$
$Y^S=Y$，$Y^D=0.8Y-0.1r+130$ より，
$$Y=0.8Y-0.1r+130$$
$$0.1r=-0.2Y+130$$
$$r=-2Y+1300$$

この式を IS 曲線と呼ぶ．この式のグラフを描く．傾きは-2，タテ軸切片は 1300 である．

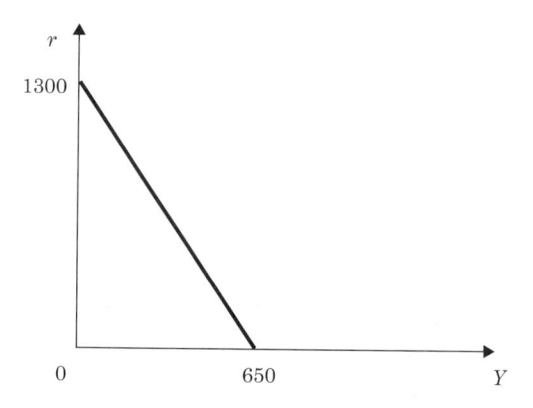

【ドリル3.5】

(1)〜(4)の経済モデルからIS曲線を導いて，IS曲線のグラフを描きなさい．座標軸は，タテ軸をr，ヨコ軸をYとする．

(1) 財市場の均衡：(総供給)＝(総需要)

　　総供給　　：$Y^S=Y$
　　総需要　　：$Y^D=C+I$
　　消費　　　：$C=0.5Y+20$
　　投資　　　：$I=-0.2r+30$

(2) 財市場の均衡：(総供給)＝(総需要)

　　総供給　　：$Y^S=Y$
　　総需要　　：$Y^D=C+I+G$
　　消費　　　：$C=0.8(Y-T)+25$
　　投資　　　：$I=-0.4r+60$
　　政府支出　：$G=55$
　　租税　　　：$T=50$

(3) 財市場の均衡：(総供給)＝(総需要)

　　総供給　　：$Y^S=Y$
　　総需要　　：$Y^D=C+I+G$
　　消費　　　：$C=0.8(Y-T)+70$
　　投資　　　：$I=-0.4r+50$
　　政府支出　：$G=30$
　　租税　　　：$T=0.25Y$

(4) 財市場の均衡：(総供給)＝(総需要)

　　総供給　　：$Y^S=Y$
　　総需要　　：$Y^D=C+I+G+X-M$
　　消費　　　：$C=0.85(Y-T)+10$
　　投資　　　：$I=-0.1r+52$
　　政府支出　：$G=25$
　　租税　　　：$T=20$
　　輸出　　　：$X=80$
　　輸入　　　：$M=0.1Y$

【ドリル3.5:解答】

(1) 総需要は，$Y^D=C+I$ に，$C=0.5Y+20$, $I=-0.2r+30$ を代入する．

$Y^D=0.5Y+20-0.2r+30$

$Y^D=0.5Y-0.2r+50$

財市場の均衡条件（総供給）＝（総需要）より，

$$Y^S = Y^D$$

$Y^S=Y$，$Y^D=0.5Y-0.2r+50$ であるので，

$$Y=0.5Y-0.2r+50$$
$$0.2r=-0.5Y+50$$
$$r=-2.5Y+250$$

このIS曲線のグラフを描く．傾きは-2.5，タテ軸切片は250である．

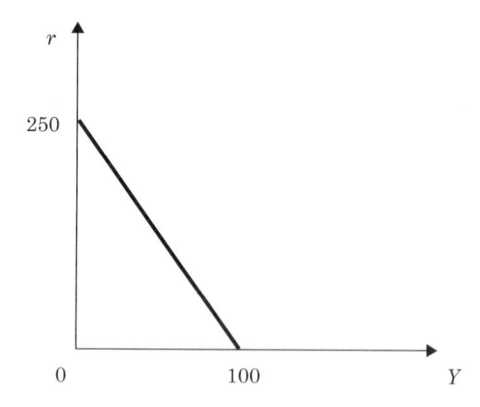

(2) 総需要は，$Y^D=C+I+G$ に，$C=0.8(Y-T)+25$，$I=-0.4r+60$，$G=55$ を代入する．

$Y^D=0.8(Y-T)+25-0.4r+60+55$

これに，$T=50$ を代入すると，

$Y^D=0.8(Y-50)+25-0.4r+60+55$

$Y^D=0.8Y-50\times 0.8+25-0.4r+60+55$

$Y^D=0.8Y-40+25-0.4r+60+55$

$Y^D=0.8Y-0.4r+100$

財市場の均衡条件（総供給）＝（総需要）より，

$$Y^S = Y^D$$

$Y^S=Y$，$Y^D=0.8Y-0.4r+100$ であるので，

$$Y=0.8Y-0.4r+100$$
$$0.4r=-0.2Y+100$$
$$r=-0.5Y+250$$

この IS 曲線のグラフを描く．傾きは -0.5，タテ軸切片は 250 である．

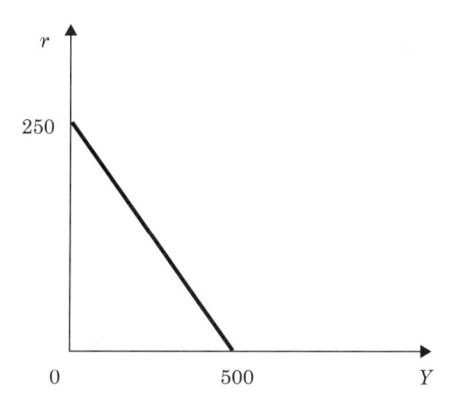

(3) 総需要は，$Y^D=C+I+G$ に，$C=0.8(Y-T)+70$, $I=-0.4r+50$, $G=30$ を代入する．

$Y^D=0.8(Y-T)+70-0.4r+50+30$

これに，$T=0.25Y$ を代入すると，

$Y^D=0.8(Y-0.25Y)+70-0.4r+50+30$

$Y^D=0.8\times0.75Y+70-0.4r+50+30$

$Y^D=0.6Y+70-0.4r+50+30$

$Y^D=0.6Y-0.4r+150$

財市場の均衡条件（総供給）＝（総需要）であるので，

$$Y^S = Y^D$$

$Y^S=Y$, $Y^D=0.6Y-0.4r+150$ より，

$$Y=0.6Y-0.4r+150$$

$$0.4r=-0.4Y+150$$

$$r=-Y+375$$

この IS 曲線のグラフを描く．傾きは -1，タテ軸切片は 375 である．

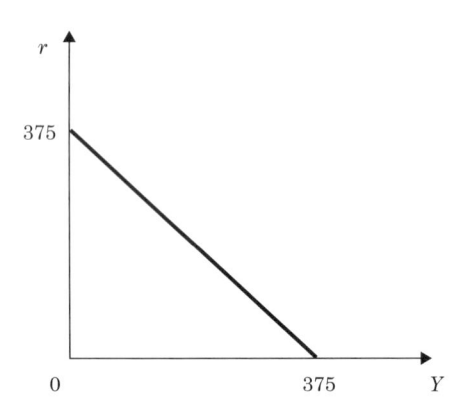

(4) 総需要は，$Y^D=C+I+G+X-M$ に，$C=0.85(Y-T)+10$, $I=-0.1r+52$, $G=25$, $X=80$, $M=0.1Y$ を代入する．

$Y^D=0.85(Y-T)+10-0.1r+52+25+80-0.1Y$

これに，$T=20$ を代入すると，

$Y^D=0.85(Y-20)+10-0.1r+52+25+80-0.1Y$

$Y^D=0.85Y-20\times 0.85+10-0.1r+52+25+80-0.1Y$

$Y^D=0.75Y-0.1r+150$

財市場の均衡条件（総供給）＝（総需要）より，

$$Y^S = Y^D$$

$Y^S=Y$，$Y^D=0.75Y-0.1r+150$ であるので，

$$Y=0.75Y-0.1r+150$$

$$0.1r=-0.25Y+150$$

$$r=-2.5Y+1500$$

この IS 曲線のグラフを描く．傾きは -2.5，タテ軸切片は 1500 である．

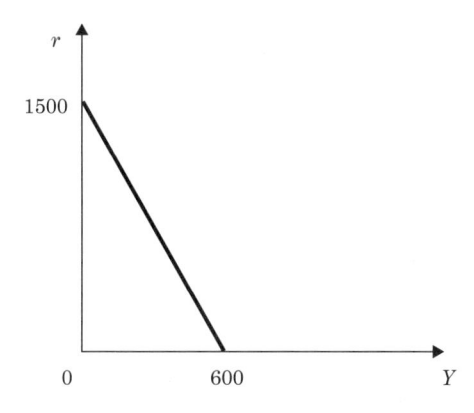

第4章
貨幣市場とLM曲線

1. 貨幣供給

（1） 信用創造

銀行は，預金金利と貸付金利の差額，すなわち，利ざやでもうける金融仲介機関である．我々の預金で集った資金を企業に貸し出すことで，銀行は収益を上げる．銀行は企業にお金を貸し出し，貸し出された資金はいろいろな取引に使われるが，結局，取引先企業が別の銀行に預金することになる．このようなお金のやりとりがいくつもの企業と銀行間で行われることで，最初の預金額の何倍もの預金が銀行システム全体で創り出されることを「**信用創造**」という．

最初の預金を100万円，預金準備率を10%としたときの信用創造のプロセスを次ページの図解を使って考える．**預金準備率**とは民間銀行が日本銀行（中央銀行）に預けなければならない預金の割合である．預金者がU銀行へ100万円預金したとすれば，U銀行は預金準備の10万円以外，すなわち，90万円をZ社へ貸付することで収益を上げる．Z社はY社に対して借金があり，U銀行から借りたお金を使って返済した．Y社はその90万円をT銀行へ預金した．T銀行は収益を上げるために，預金準備額の9万円以外，すなわち，81万円を，お金が必要なW社へ貸出する．W社はその81万円で借金のあるS社に返済を行い，S社はM銀行へ預金した．ここまでのお金の流れを整理すると，U銀行，T銀行，M銀行の預金の総額は，

　　　100万円＋90万円＋81万円＝271万円となる．

このプロセスが無限に続くとすれば，
$$100万円+90万円+81万円+\cdots\cdots$$
$$=100万円+(0.9)\times100万円+(0.9)^2\times100万円+\cdots\cdots$$
となり，この式は，初項が100万円，公比が0.9の無限等比級数である．無限等比級数の公式を使って，銀行全体の預金総額を算出することができる．

無限等比級数の公式

$$A+r\times A+r^2\times A+\cdots\cdots$$
$$=\frac{A}{1-r} \quad A：初項 \quad r：公比（0<r<1）$$

公式より，
$$\frac{A}{1-r}=\frac{100万円}{1-0.9}=\frac{100万円}{0.1}=1000万円$$

預金の合計が1000万円となる．したがって，信用創造により「新たに」生まれた預金は，1000万円−100万円＝900万円である．

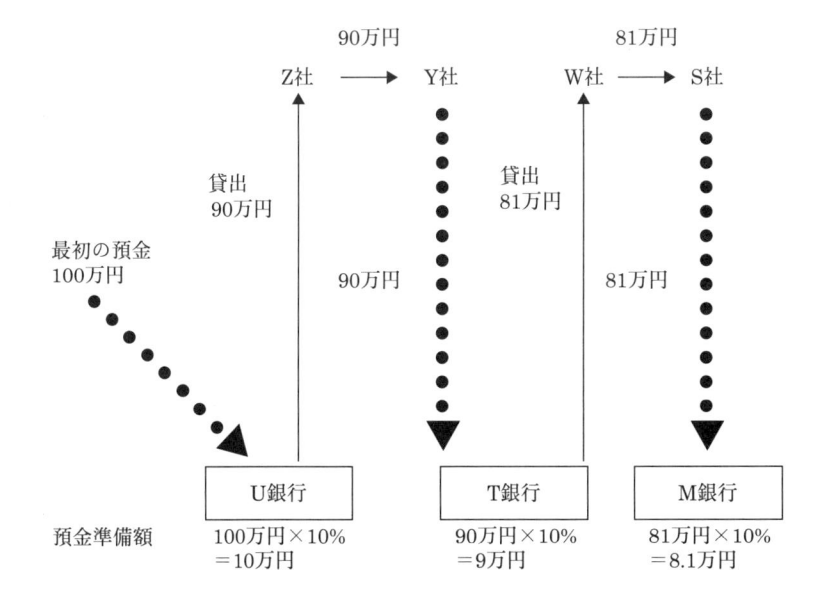

【ドリル 4.1】

(1)〜(5)の問いに解答しなさい．

(1) ある商社が750万円をA銀行に預金した場合，銀行全体の預金総額と信用創造により新たに生まれた預金額を求めなさい．ただし，預金準備率は25%とする．

(2) ある商社が4200万円をA銀行に預金した場合，銀行全体の預金総額と信用創造により新たに生まれた預金額を求めなさい．ただし，預金準備率は20%とする．

(3) ある商社が3300万円をA銀行に預金した場合，銀行全体の預金総額と信用創造により新たに生まれた預金額を求めなさい．ただし，預金準備率は10%とする．

(4) ある商社が3000万円をA銀行に預金した場合，銀行全体の預金総額と信用創造により新たに生まれた預金額を求めなさい．ただし，預金準備率は15%とする．

(5) ある商社が15億円をA銀行に預金した場合，預金準備率が15%の時と20%の時では，この預金をもとに信用創造された預金総額はどちらの方がどれだけ大きいか．

【ドリル 4.1：解答】

(1) 預金準備率は 25% なので，預金の 75% を貸し出す．この時の預金総額は，

750 万円＋750 万円×0.75＋750 万円×(0.75)²＋…

$$= \frac{750\ 万円}{1-0.75}$$

$$= \frac{750\ 万円}{0.25}$$

＝3000 万円

したがって，信用創造により新たに生まれた預金額は，

3000 万円－750 万円＝2250 万円

(2) 預金準備率は 20% なので，預金の 80% を貸し出す．この時の預金総額は，

4200 万円＋4200 万円×0.8＋4200 万円×(0.8)²＋…

$$= \frac{4200\ 万円}{1-0.8}$$

$$= \frac{4200\ 万円}{0.2}$$

＝2 億 1,000 万円

したがって，信用創造により新たに生まれた預金額は，

2 億 1,000 万円－4200 万円＝1 億 6,800 万円

(3) 預金準備率は 10% なので，預金の 90% を貸し出す．この時の預金総額は，

3300 万円＋3300 万円×0.9＋3300 万円×(0.9)²＋…

$$= \frac{3300\ 万円}{1-0.9}$$

$$= \frac{3300\ 万円}{0.1}$$

＝3 億 3,000 万円

したがって，信用創造により新たに生まれた預金額は，

3 億 3,000 万円－3300 万円＝2 億 9,700 万円

(4) 預金準備率は 15% なので，預金の 85% を貸し出す．この時の預金総額は,

3000万円＋3000万円×0.85＋3000万円×$(0.85)^2$＋…

$$= \frac{3000\text{万円}}{1-0.85}$$

$$= \frac{3000\text{万円}}{0.15}$$

＝2億円

したがって，信用創造により新たに生まれた預金額は,

2億円－3000万円＝1億7,000万円

(5) 預金準備率は 15% の時，預金の 85% を貸し出す．この時の預金総額は,

15億円＋15億円×0.85＋15億円×$(0.85)^2$＋…

$$= \frac{15\text{億円}}{1-0.85}$$

$$= \frac{15\text{億円}}{0.15}$$

＝100億円

預金準備率は 20% の時，預金の 80% を貸し出す．この時の預金総額は,

15億円＋15億円×0.8＋15億円×$(0.8)^2$＋…

$$= \frac{15\text{億円}}{1-0.8}$$

$$= \frac{15\text{億円}}{0.2}$$

＝75億円

預金準備率は 15% の時の方が，20% の時に比べて，信用創造された預金総額が 25 億円大きい．

（2） ハイパワード・マネーとマネーサプライ

ハイパワード・マネー（または，**マネタリーベース**）とは日本銀行が管理できる貨幣量のことで，現金と支払準備金（民間銀行が日本銀行へ預けたお金）から構成される．言い換えれば，民間部門に対する日本銀行の負債のことである．

$$\text{ハイパワードマネー} = \text{現金通貨} + \text{支払準備金}$$
$$H = C + R$$

ハイパワード・マネーをコントロールする政策として，**公開市場操作**と**公定歩合政策**がある．公開市場とは，日本銀行が債券（有価証券・手形）の売買を行う債券市場で，日本銀行が民間銀行へ国債を売るという「**売りオペレーション**」を実施すれば，債券販売額分の民間の現金が減少し，ハイパワードマネーが減少する．また，日本銀行が民間銀行から国債を買うという「**買いオペレーション**」を実施すれば，ハイパワードマネーが増加する．

公定歩合（基準割引率および基準貸付利率）とは，日本銀行が民間銀行に資金を貸し出すときの金利であり，公定歩合の引下げは，民間銀行が日本銀行からより多くのお金を借りやすくなり，ハイパワードマネーが増加する．また，公定歩合の引上げは，ハイパワードマネーが減少する．

マネーサプライ（貨幣供給量）とは一国全体に流通している貨幣量のことで，現金と預金から構成される．

$$\text{マネーサプライ} = \text{現金通貨} + \text{預金通貨}$$
$$M = C + D$$

ハイパワードマネーとマネーサプライの比をとると，

$$\frac{\text{マネーサプライ}}{\text{ハイパワードマネー}} = \frac{M}{H} = \frac{C+D}{C+R}$$
$$= \frac{C/D+1}{C/D+R/D}$$

となる．C/D は現金・預金比率，R/D は預金準備率である．$C/D = c$, $R/D = r$ とおくと，

$$\frac{M}{H}=\frac{c+r}{c+r}$$

両辺に H をかけると,

$$M=\frac{c+1}{c+r}H$$ と表記することができる.

この式を, M の変化分（ΔM), H の変化分（ΔH）を用いて表すと,

$$\Delta M=\frac{c+1}{c+r}\Delta H$$

$\frac{c+1}{c+r}$ を**貨幣乗数**といい，貨幣乗数とは，ハイパワードマネーの1単位増加によるマネーサプライの変化分である．この貨幣乗数を変化させる政策として，**預金準備率操作**がある．

貨幣乗数の公式

$$\Delta M=\frac{c+1}{c+r}\Delta H$$

c：現金・預金比率, r：預金準備率

例えば，貨幣乗数の計算 $c=0.3$, $r=0.2$ であるとする．この時の貨幣乗数は，

$$\frac{c+1}{c+r}=\frac{0.3+1}{0.3+0.2}=\frac{1.3}{0.5}=\frac{13}{5}=2.6$$

貨幣乗数は2.6で，ハイパワードマネーが50億円増加した時のマネーサプライの変化分は，以下のように算出することができる．

マネーサプライの変化分＝（貨幣乗数）×ハイパワード・マネーの変化分

　　　　　　　　　＝　　2.6　　×　　50億円

　　　　　　　　　＝　　130億円

このようにして，一国全体のお金の総量，マネーサプライ（貨幣供給量）が算出される．

最後に，タテ軸に利子率，ヨコ軸に実質マネーサプライをとって貨幣供給関数のグラフを描く．

物価水準を P，貨幣供給量を M，実質マネーサプライ m は，

$$m = \frac{M}{P}$$

と表記することができる．実質とは，名目値を物価水準で割った値である．

貨幣供給関数を $m=100$ のとき，タテ軸に利子率 r，ヨコ軸に実質マネーサプライ m をとってグラフを描くと，垂直な直線になる．なぜならば，利子率がどんな値をとっても貨幣供給は不変であるからである．

実質マネーサプライ $m=100$

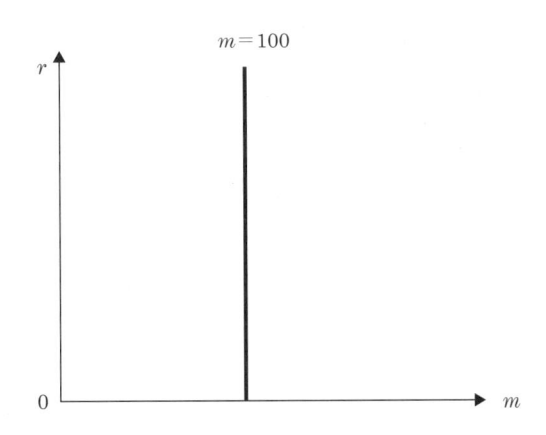

【ドリル 4.2】

(1)から(5)のケースについて，貨幣乗数とハイパワードマネーが 20 億円増加した時のマネーサプライの変化分を計算しなさい．

(1) 預金準備率：0.01，現金・預金比率：0.02
(2) 預金準備率：0.01，現金・預金比率：0.1
(3) 預金準備率：0.01，現金・預金比率：0.05
(4) 預金準備率：0.05，現金・預金比率：0.2
(5) 預金準備率：0.2，現金・預金比率：0.05

【ドリル4.2：解答】

(1) 貨幣乗数 $= \dfrac{c+1}{c+r} = \dfrac{0.02+1}{0.02+0.01} = \dfrac{1.02}{0.03} = 34$

$\Delta M =$ 貨幣乗数 $\times \Delta H$
$= 34 \times 20$ 億円
$= 680$ 億円

(2) 貨幣乗数 $= \dfrac{c+1}{c+r} = \dfrac{0.1+1}{0.1+0.01} = \dfrac{1.1}{0.11} = 10$

$\Delta M =$ 貨幣乗数 $\times \Delta H$
$= 10 \times 20$ 億円
$= 200$ 億円

(3) 貨幣乗数 $= \dfrac{c+1}{c+r} = \dfrac{0.05+1}{0.05+0.01} = \dfrac{1.05}{0.06} = 17.5$

$\Delta M =$ 貨幣乗数 $\times \Delta H$
$= 17.5 \times 20$ 億円
$= 350$ 億円

(4) 貨幣乗数 $= \dfrac{c+1}{c+r} = \dfrac{0.2+1}{0.2+0.05} = \dfrac{1.2}{0.25} = 4.8$

$\Delta M =$ 貨幣乗数 $\times \Delta H$
$= 4.8 \times 20$ 億円
$= 96$ 億円

(5) 貨幣乗数 $= \dfrac{c+1}{c+r} = \dfrac{0.05+1}{0.05+0.2} = \dfrac{1.05}{0.25} = 4.2$

$\Delta M =$ 貨幣乗数 $\times \Delta H$
$= 4.2 \times 20$ 億円
$= 84$ 億円

2. 貨幣需要

貨幣需要とは，人々が手元にお金を持っておくことである．例えば，貨幣需要関数は以下のような式で与えられる．

$L = -0.5r + 0.25Y$　　L：貨幣需要
　　　　　　　　　　　　r：利子率
　　　　　　　　　　　　Y：国民所得

この式で示されているように，貨幣需要は，利子率と国民所得の大きさに依存している．国民所得の前の係数 0.25 の符号がプラスであるので，所得が大きい人ほど，財布の中のお金も大きく，いざというときの備えも大きい．利子率の前の係数 −0.5 は符号がマイナスなので，利子率が高い時ほど，お金を資産として運用し，将来，そのお金をより大きくできるので，お金を手元に置いておく金額を少なくする．国民所得の大きさで決まる貨幣需要を「**取引動機・予備的動機に基づく貨幣需要**」，利子率の大きさで決まる貨幣需要を「**資産動機に基づく貨幣需要**」という．貨幣需要の動機はこれら3種類ある．

$Y = 480$ の時，貨幣需要関数 $L = -0.5r + 0.25Y$ のグラフを描く．
$Y = 480$ を $L = -0.5r + 0.25Y$ に代入すると，

　　$L = -0.5r + 0.25 \times 480$
　　$L = -0.5r + 120$

タテ軸：r，ヨコ軸：L とすると，

貨幣需要関数 $L = -0.5r + 120$ はヨコ軸変数＝〜になっているので，120 はヨコ軸切片である．タテ軸切片を求めるには，$r = $〜の形に変形した時の定数項である．変形すると，以下のようになる．

　　・　$r = 2L + 240$

よって，タテ軸切片は，240 である．これで両軸の切片が決まったので，両軸の切片を結んでグラフを次ページのように描くことができる．

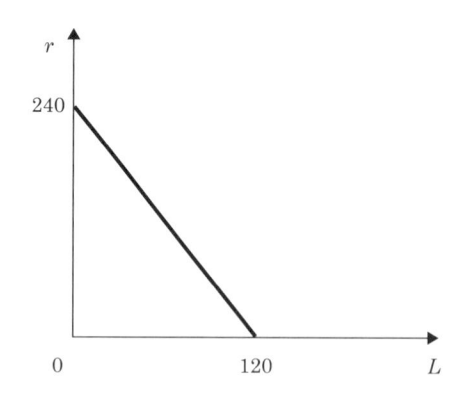

118 第Ⅰ部 マクロ経済学の基礎

```
   r
   ↑
240|\
   | \
   |  \
   |   \
   |    \
   |     \
   |      \
   0-------\-------→ L
          120
```

[補講] 貨幣需要の3つの動機

　取引動機に基づく貨幣需要とは，お店で買い物をする時にお金が必要となることである．予備的動機に基づく貨幣需要とは，災害・損害といった不意の支出しなければならない場合に備えるためにお金が必要になることである．これら2つの貨幣需要は，所得をより多く稼ぐ人ほどより大きいと考えられる．

　最後に，資産動機に基づく貨幣需要とは，債券を購入し購入時の債券価格がより上昇した時に売却することでお金を増やすことができるという投機機会を考えて，お金を手元に置いておくことである．

【ドリル4.3】

　(1)〜(5)の貨幣需要関数に関して，ヨコ軸切片，タテ軸切片を答え，グラフを描きなさい．座標軸はタテ軸：r，ヨコ軸：Lとする．

(1)　国民所得：$Y=600$，貨幣需要関数：$L=-2r+0.75Y$
(2)　国民所得：$Y=660$，貨幣需要関数：$L=-3r+0.6Y$
(3)　国民所得：$Y=700$，貨幣需要関数：$L=-4r+0.5Y+90$
(4)　国民所得：$Y=600$，貨幣需要関数：$L=-5r+0.5Y+180$
(5)　国民所得：$Y=710$，貨幣需要関数：$L=-6r+1.2Y+90$

【ドリル4.3：解答】

(1) $Y=600$ の時，貨幣需要関数 $L=-2r+0.75Y$ のグラフを描く．

$Y=600$ を $L=-2r+0.75Y$ に代入すると，

$L=-2r+0.75\times 600$

$L=-2r+450$

よって，ヨコ軸切片は450である．

タテ軸切片は，$r=\sim$ の形に変形し，その定数項に相当する．

$r=-0.5L+225$

よって，タテ軸切片は，225である．これで両軸の切片が決まったので，グラフを描くことができる．

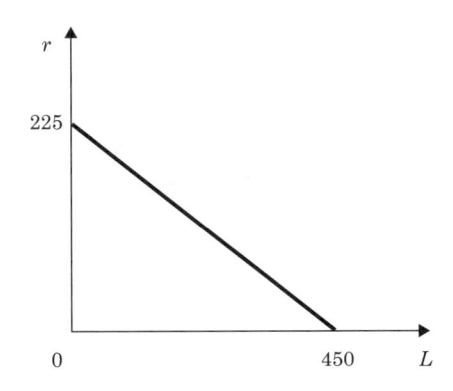

```
       r
       ↑
   225 |\
       | \
       |  \
       |   \
       |    \
       |     \
       |_____→ L
       0      450
```

(2) $Y=660$ の時，貨幣需要関数 $L=-3r+0.6Y$ のグラフを描く．

$Y=660$ を $L=-3r+0.6Y$ に代入すると，

$L=-3r+0.6\times 660$

$L=-3r+396$

よって，ヨコ軸切片は396である．

タテ軸切片は，$r=\sim$ の形に変形し，その定数項に相当する．

$r=-\dfrac{1}{3}L+132$

よって，タテ軸切片は，132である．これで両軸の切片が決まったので，グラフを描くことができる．

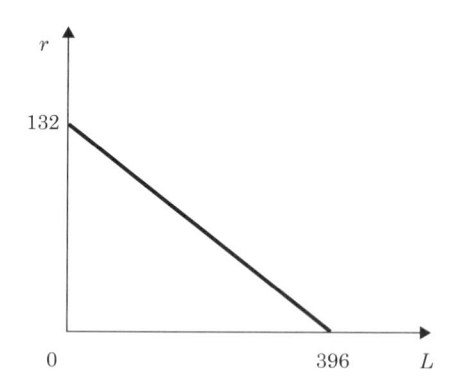

120　第Ⅰ部　マクロ経済学の基礎

(3)　$Y=700$ の時,貨幣需要関数 $L=-4r+0.5Y+90$ のグラフを描く.

　$Y=700$ を $L=-4r+0.5Y+90$ に代入すると,

　　$L=-4r+0.5×700+90$

　　$L=-4r+440$

よって,ヨコ軸切片は 440 である.

タテ軸切片は,$r=\sim$ の形に変形し,その定数項に相当する.

　　$r=-0.25L+110$

　よって,タテ軸切片は,110 である.これで両軸の切片が決まったので,グラフを描くことができる.

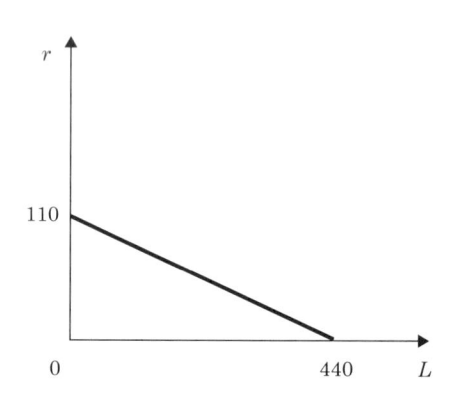

第 4 章　貨幣市場と LM 曲線　121

(4)　$Y=600$ の時，貨幣需要関数 $L=-5r+0.5Y+180$ のグラフを描く.

$Y=600$ を $L=-5r+0.5Y+180$ に代入すると，

$L=-5r+0.5\times 600+180$

$L=-5r+300+180$

$L=-5r+480$

よって，ヨコ軸切片は 480 である．

タテ軸切片は，$r=\sim$ の形に変形し，その定数項に相当する．

$r=-0.2L+96$

よって，タテ軸切片は，96 である．これで両軸の切片が決まったので，グラフを描くことができる．

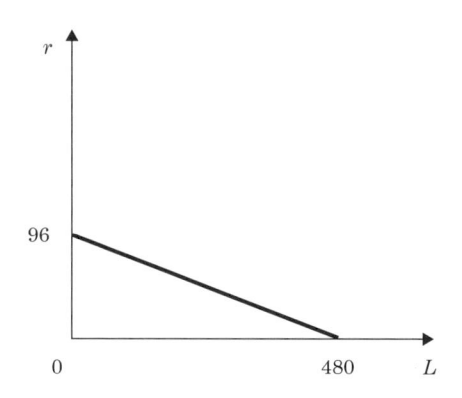

(5)　$Y=710$ の時，貨幣需要関数 $L=-6r+1.2Y+90$ のグラフを描く.

$Y=710$ を $L=-6r+1.2Y+90$ に代入すると，

$L=-6r+1.2\times 710+90$

$L=-6r+942$

よって，ヨコ軸切片は 942 である．

タテ軸切片は，$r=\sim$ の形に変形し，その定数項に相当する．

$r=-\dfrac{1}{6}L+157$

よって，タテ軸切片は，157 である．これで両軸の切片が決まったので，グラフを描くことができる．

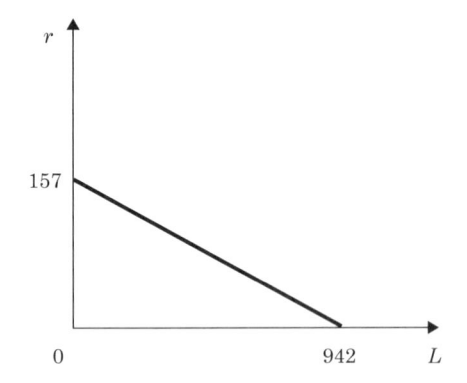

122　第Ⅰ部　マクロ経済学の基礎

3. 貨幣市場の均衡と LM 曲線

貨幣市場とは，お金を取引する市場である．貨幣市場の均衡は，貨幣供給と貨幣需要とが等しくなることである．グラフ上で言えば，貨幣需要関数と貨幣供給関数との交点で決まる「貨幣量」と「利子率」のことである．

貨幣市場では，中央銀行（日本銀行）がお金を供給し，家計・企業・政府がお金を需要する．例えば以下のモデルで考える．

  貨幣市場の均衡：(貨幣供給)＝(貨幣需要)
  貨幣供給関数　　：$m=115$
  貨幣需要関数　　：$L=-0.5r+0.25Y$
  国民所得　　　　：$Y=480$

はじめに，貨幣需要関数は，$L=-0.5r+0.25Y$ に $Y=480$ を代入し，$L=-0.5r+120$ と求まる（先程学習したものと同じ）．

ここで，貨幣市場の均衡を用いて，均衡利子率を求める．

  (貨幣供給)＝(貨幣需要)
$$m=L$$
$$115=-0.5r+120$$
$$0.5r=5$$
$$r=10$$

貨幣需要関数と貨幣供給関数のグラフと均衡点 (E) は，次のページのように示される．

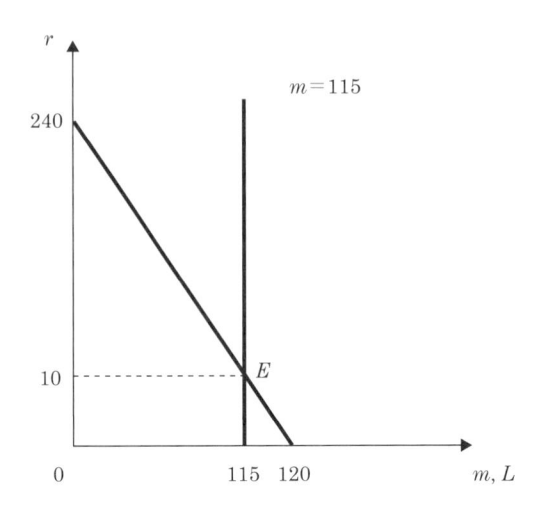

【ドリル 4.4】

(1)〜(3)の経済モデルに関して，均衡利子率を求めなさい．さらに，タテ軸を r，ヨコ軸を m または L とする座標軸上に，貨幣供給関数と貨幣需要関数のグラフを描きなさい．

(1) 貨幣市場の均衡：(貨幣供給)＝(貨幣需要)
　　貨幣供給関数　：$m=440$
　　貨幣需要関数　：$L=-2r+0.75Y$
　　国民所得　　　：$Y=600$

(2) 貨幣市場の均衡：(貨幣供給)＝(貨幣需要)
　　貨幣供給関数　：$m=393$
　　貨幣需要関数　：$L=-3r+0.6Y$
　　国民所得　　　：$Y=660$

(3) 貨幣市場の均衡：(貨幣供給)＝(貨幣需要)
　　貨幣供給関数　：$m=432$
　　貨幣需要関数　：$L=-4r+0.5Y+90$
　　国民所得　　　：$Y=700$

【ドリル 4.4：解答】

(1) 貨幣需要関数は，$L=-2r+0.75Y$ に $Y=600$ を代入し，$L=-2r+450$ と求まる（【ドリル 4.3】(1)の問題と同じ）．

ここで，貨幣市場の均衡を用いて，均衡利子率を求める．

(貨幣供給)＝(貨幣需要)

$$m=L$$
$$440=-2r+450$$
$$2r=10$$
$$r=5$$

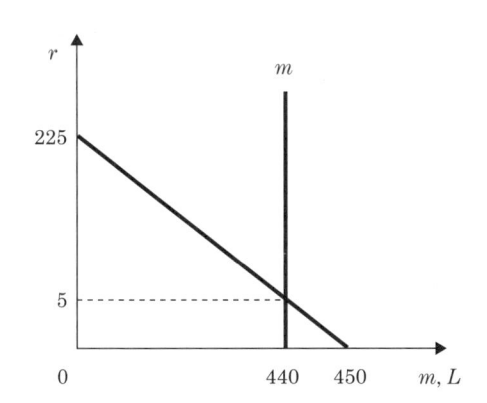

(2) 貨幣需要関数は，$L=-3r+0.6Y$ に $Y=660$ を代入し，$L=-3r+396$ と求まる（【ドリル 4.3】(2)の問題と同じ）．

ここで，貨幣市場の均衡を用いて，均衡利子率を求める．

(貨幣供給)＝(貨幣需要)

$$m=L$$
$$393=-3r+396$$
$$3r=3$$
$$r=1$$

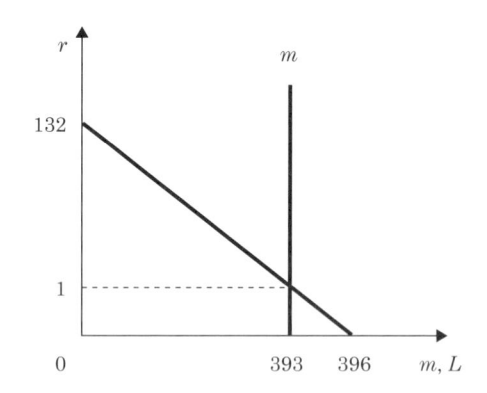

126　第Ⅰ部　マクロ経済学の基礎

(3) 貨幣需要関数は，$L=-4r+0.5Y+90$ に $Y=700$ を代入し，$L=-4r+440$ と求まる（【ドリル 4.3】(3)の問題と同じ）．

ここで，貨幣市場の均衡を用いて，均衡利子率を求める．

　　（貨幣供給）＝（貨幣需要）

$$m=L$$
$$432=-4r+440$$
$$4r=8$$
$$r=2$$

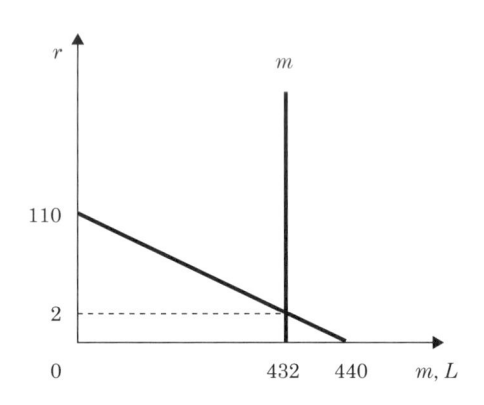

4. IS 曲線と LM 曲線

財市場の均衡を実現する国民所得と利子率との組合せの軌跡である「IS 曲線」と，貨幣市場の均衡を実現する国民所得と利子率との組合せの軌跡である「LM 曲線」との交点で決まる国民所得と利子率は，財市場と貨幣市場の 2 つの市場の同時均衡を実現することを意味する．LM 曲線の導出についてはまだ問題演習を行っていないが，ここで学んで頂きたい．

例えば，以下のような財市場・貨幣市場モデルにおいて，財市場と貨幣市場の同時均衡を実現するような国民所得と利子率とを求める．

[財市場]
総供給：$Y^S=Y$
総需要：$Y^D=C+I+G$
消費：$C=0.8(Y-T)+46$
投資：$I=-20r+42$
政府支出：$G=50$
租税：$T=10$

[貨幣市場]
貨幣供給：$m=100$
貨幣需要：$L=L_1+L_2$
取引動機に基づく貨幣需要：$L_1=0.2Y+20$
資産動機に基づく貨幣需要：$L_2=-20r+70$

はじめに，IS 曲線を導出する．
財市場の均衡：$Y^S=Y^D$ より，
$$Y=C+I+G$$
$$Y=0.8(Y-10)+46-20r+42+50$$
$$20r=-Y+0.8Y+130$$
$$20r=-0.2Y+130$$
$$r=-0.01Y+6.5$$

次に，LM 曲線を導出する．

貨幣市場の均衡：$m=L$ より，

$$100=0.2Y+20-20r+70$$
$$20r=0.2Y-10$$
$$r=0.01Y-0.5$$

最後に，IS 曲線の式と LM 曲線の式とを連立方程式として解く．

$$r=-0.01Y+6.5$$
$$+)\quad r=0.01Y-0.5$$
$$\overline{}$$
$$2r=6$$
$$r=3$$

$r=-0.01Y+6.5$ に，$r=3$ を代入すると，

$$3=-0.01Y+6.5$$
$$0.01Y=-3+6.5$$
$$Y=350$$

したがって，(均衡国民所得，均衡利子率)＝(350, 3)

IS 曲線：$r=-0.01Y+6.5$　LM 曲線：$r=0.01Y-0.5$ のグラフを描く．

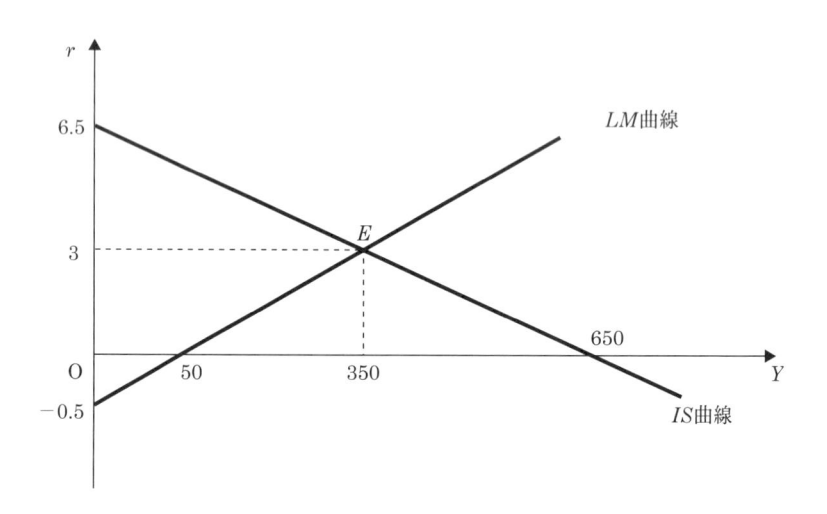

【ドリル4.5】

(1)～(3)のモデルに関して，IS曲線とLM曲線とを導出し，均衡国民所得と均衡利子率を求めなさい．さらに，タテ軸をr，ヨコ軸をYとする座標軸上に，IS曲線とLM曲線のグラフを描き，均衡点（E）を明示しなさい．

(1)

[財市場]

総供給：$Y^S=Y$

総需要：$Y^D=C+I+G$

消費：$C=0.8(Y-T)+42$

投資：$I=-4r+40$

政府支出：$G=30$

租税：$T=20$

[貨幣市場]

貨幣供給：$m=120$

貨幣需要：$L=L_1+L_2$

取引動機に基づく貨幣需要：$L_1=0.3Y+6$

資産動機に基づく貨幣需要：$L_2=-4r$

(2)

[財市場]

総供給：$Y^S=Y$

総需要：$Y^D=C+I+G$

消費：$C=0.8(Y-T)+20$

投資：$I=-200r+70$

政府支出：$G=100$

租税：$T=100$

[貨幣市場]

貨幣供給：$m=570$

貨幣需要：$L=L_1+L_2$

取引動機に基づく貨幣需要：$L_1=1.2Y$

資産動機に基づく貨幣需要：$L_2=-600r$

(3)

[財市場]

総供給：$Y^S=Y$

総需要：$Y^D=C+I+G+X-M$

消費：$C=0.5(Y-T)+50$

投資：$I=-100r+150$

政府支出：$G=250$

租税：$T=0.2Y$

輸出：$X=300$

輸入：$M=0.2Y$

[貨幣市場]

貨幣供給：$m=270$

貨幣需要：$L=L_1+L_2$

取引動機に基づく貨幣需要：$L_1=0.4Y$

資産動機に基づく貨幣需要：$L_2=-200r$

【ドリル 4.5：解答】

(1) はじめに，IS 曲線を導出する．

財市場の均衡：$Y^S = Y^D$ より，

$$Y = C + I + G$$
$$Y = 0.8(Y - 20) + 42 - 4r + 40 + 30$$
$$4r = -0.2Y + 96$$
$$r = -0.05Y + 24$$

次に，LM 曲線を導出する．

貨幣市場の均衡：$m = L$

$$120 = 0.3Y + 6 - 4r$$
$$4r = 0.3Y - 114$$
$$r = 0.075Y - 28.5$$

IS 曲線の式と LM 曲線の式とを連立方程式として解く．

$$r = -0.05Y + 24$$
$$-)\ r = 0.075Y - 28.5$$
$$0 = 0.125Y + 52.5$$
$$Y = 420$$

均衡利子率は，$Y = 420$ を IS 曲線または，LM 曲線の式に代入すれば求まる．
IS 曲線に代入すると，

$$r = -0.05 \times 420 + 24$$
$$= 3$$

したがって，(均衡国民所得，均衡利子率) = (420, 3)

IS 曲線：$r = -0.05Y + 24$　LM 曲線：$r = 0.075Y - 28.5$ のグラフを描く．

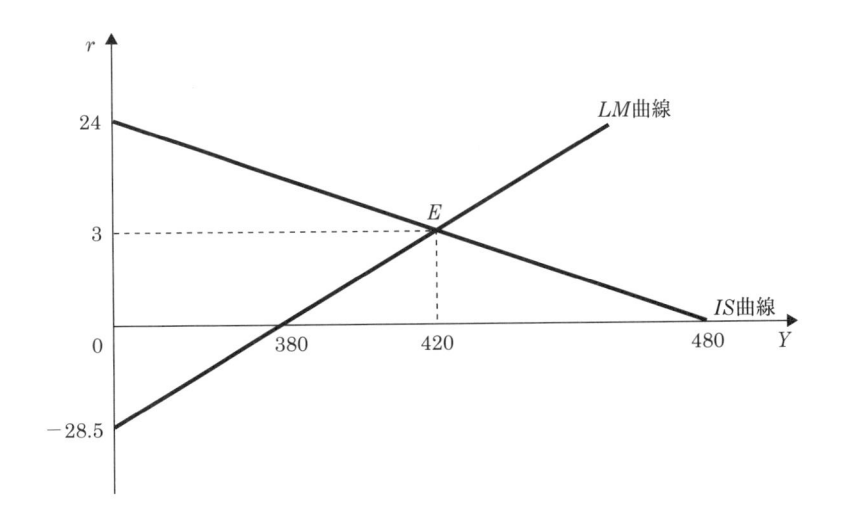

第4章　貨幣市場とLM曲線　*131*

(2)　はじめに，IS曲線を導出する．

財市場の均衡：$Y^S = Y^D$ より，

$$Y = C + I + G$$
$$Y = 0.8(Y-100) + 20 - 200r + 70 + 100$$
$$200r = -0.2Y + 110$$
$$r = -\frac{1}{1000}Y + \frac{11}{20}$$

次に，LM曲線を導出する．

$$m = L$$
$$570 = 1.2Y - 600r$$
$$600r = 1.2Y - 570$$
$$r = \frac{1}{500}Y - \frac{19}{20}$$

IS曲線の式とLM曲線の式とを連立方程式として解く．

$$r = -\frac{1}{1000}Y + \frac{11}{20}$$

$$-)\quad r = \frac{1}{500}Y - \frac{19}{20}$$

$$0 = -\frac{3}{1000}Y + \frac{3}{2}$$

$$Y = 500$$

均衡利子率は，IS 曲線 $r = -\frac{1}{1000}Y + \frac{11}{20}$ に $Y = 500$ を代入すると求まる．

$$r = -\frac{1}{1000} \times 500 + \frac{11}{20}$$

$$r = 0.05$$

したがって，（均衡国民所得，均衡利子率）＝（500, 0.05）

IS 曲線：$r = -\frac{1}{1000}Y + \frac{11}{20}$, LM 曲線：$r = \frac{1}{500}Y - \frac{19}{20}$ のグラフを描く．

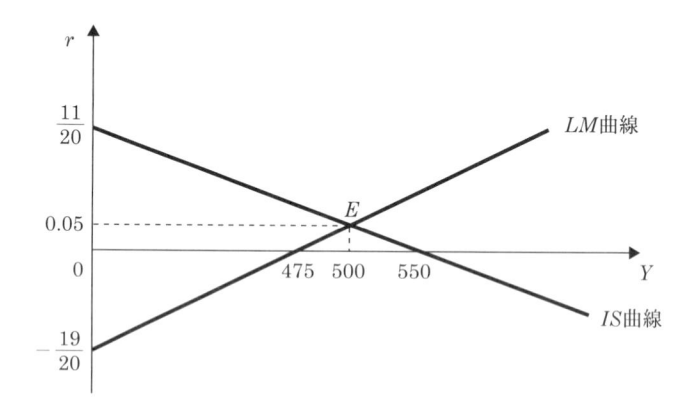

(3) はじめに，IS 曲線を導出する．

財市場の均衡：$Y^S = Y^D$ より，

$$Y = C + I + G + X - M$$
$$Y = 0.5(Y - 0.2Y) + 50 - 100r + 150 + 250 + 300 - 0.2Y$$
$$100r = -0.8Y + 750$$
$$r = -0.008Y + 7.5$$

次に，LM 曲線を導出する．

$m=L$

$270=0.4Y-200r$

$200r=0.4Y-270$

$r=0.002Y-1.35$

IS 曲線の式と LM 曲線の式とを連立方程式として解く．

$r=-0.008Y+7.5$

$-)\ \ r=0.002Y-1.35$

$0=-0.01Y+8.85$

$Y=885$

均衡利子率は，IS 曲線：$r=-0.008Y+7.5$ に $Y=885$ を代入すると求まる．

$r=-0.008\times885+4.5$

$r=0.42$

したがって，(均衡国民所得，均衡利子率)＝(885, 0.42)

IS 曲線：$r=-0.008Y+7.5$，LM 曲線：$r=0.002Y-1.35$ のグラフを描くと，

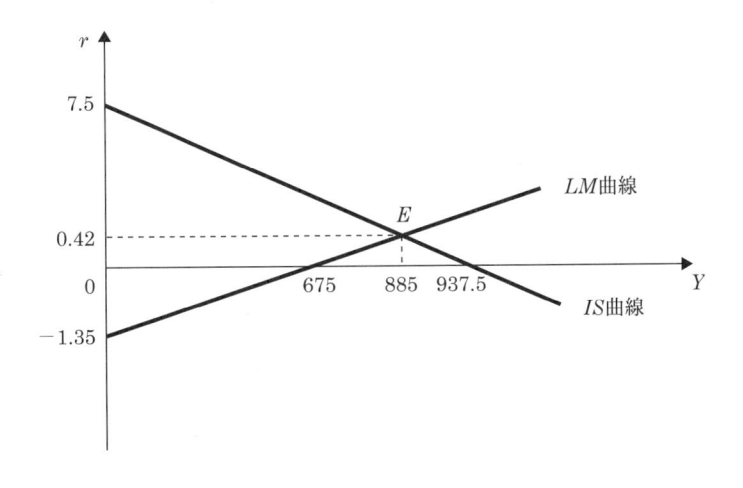

第 II 部

ミクロ経済学の基礎

第 II 部ではミクロ経済学を取り扱う．ミクロ経済学では，個別の経済主体（消費者，企業）の行動目的の下でどのように消費量や生産量が決定するのかを分析する．特に，消費者や生産者が経済活動を行う際に一番関心を寄せている「価格」が，消費量や生産量を決めるのに重要な変数となる．

第5章

需要と供給

1. 需要

(1) 需要関数

我々は、お金を支払って自分たちの欲しい商品やサービスを購入する。経済学では、このような行動をとる人物を「消費者」と呼ぶ。消費者が商品を購入することを「需要」と呼び、購入した商品の個数のことを「需要量」という。

消費者は、誰もがより安い「価格」で、より多くの商品（需要量）を買いたい。例えば、スーパーやお店の大売出しの時の消費者行動を挙げることができる。大売出しの時はいつもよりも安いので、消費者はより多くの商品を購入する。消費者に関する価格 P と需要量 D との関係を、**需要関数**を用いて表現する。

ここで、以下のようなショートケーキの需要関数を考える。

$$D = -0.02P + 8$$

需要関数のグラフを描くときは、タテ軸を P、ヨコ軸を D とするので、需要関数は、ヨコ軸の変数＝〜 の形となっている。つまり、-0.02 は傾き（D）であり、8 はヨコ軸切片となる。タテ軸切片は、需要関数を $P=$〜 の形に直すと、$P = -50D + 400$ なので、400 である。タテ軸切片とヨコ軸切片とを結ぶことで次のページのようなグラフを描くことができる。

```
       P
       ↑
    400|\
       | \
       |  \
       |   \
       |    \
       |     \
       |      \
       |       \
       O────────8──────→ D
```

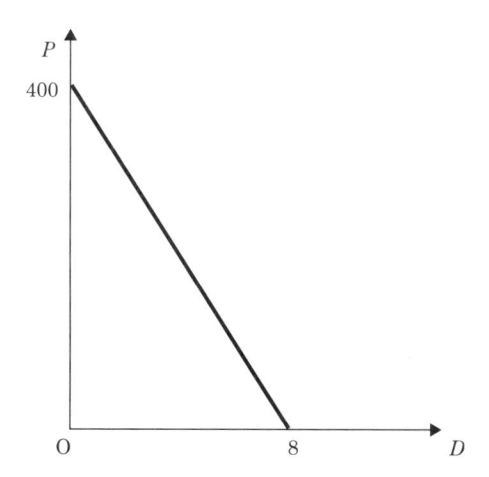

　ショートケーキ1個の価格が300円で与えられていた時，消費者Aさんの需要量は，$P=300$ を $D=-0.02P+8$ に代入すると求まる．

$$D=-0.02\times 300+8$$
$$=-6+8$$
$$=2$$

　ショートケーキ1個の価格が150円で与えられていた時，消費者Aさんの需要量は，$P=150$ を $D=-0.02P+8$ に代入すると求まる．

$$D=-0.02\times 150+8$$
$$=-3+8$$
$$=5$$

　したがって，価格300円の時は需要量が2個で，価格150円の時は需要量が5個である．（価格，需要量）＝（300, 2）をA点，（150, 5）をB点として，座標軸上に各点を打つと次のページのようになる．グラフからもわかる通り，価格が300円から150円へ下落した時，需要量が2個から5個へ増加するという消費者行動を，需要関数で表現することができる．

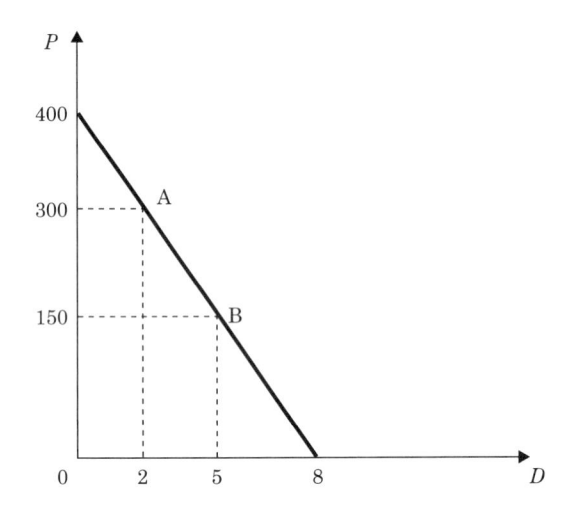

【ドリル 5.1】

以下の需要関数に関して，傾き（D），ヨコ軸切片，タテ軸切片を答え，グラフを描きなさい．ただし，座標軸は，タテ軸を P，ヨコ軸を D とする．

(1) $D = -3P + 12$
(2) $D = -4P + 60$
(3) $Y = 100$ の時の $D = 50 - 2P + 0.2Y$
(4) $Y = 120$ の時の $D = 50 - 2P + 0.2Y$

【ドリル5.1：解答】

(1) $D=-3P+12$ より，傾き（D）は-3，ヨコ軸切片は12である．

$D=-3P+12$ を $P=\sim$ に変形すると，

$$P=-\frac{1}{3}D+4$$

よって，タテ軸切片は，4である．

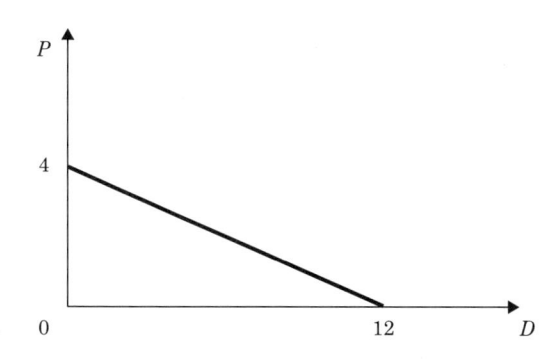

(2) $D=-4P+60$ より，傾き（D）は-4，ヨコ軸切片は60である．

$D=-4P+60$ を $P=\sim$ に変形すると，

$$P=-0.25P+15$$

よって，タテ軸切片は，15である．

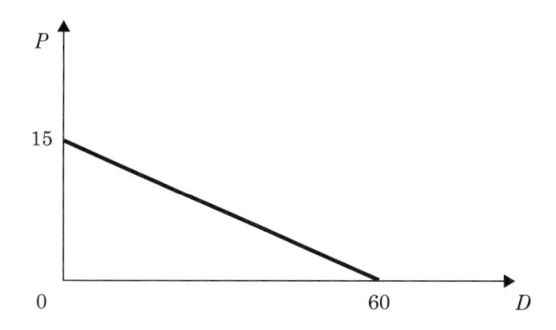

(3) $Y=100$ を $D=50-2P+0.2Y$ に代入すると，

$D=50-2P+0.2\times100$

$D=-2P+70$

したがって，傾き (D) は-2，ヨコ軸切片は 70 である．

$D=-2P+70$ を $P=\sim$ に変形すると，

$P=-0.5P+35$

よって，タテ軸切片は，35 である．

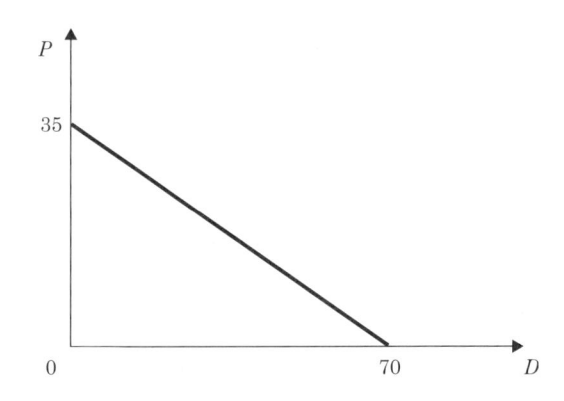

(4) $Y=120$ を $D=50-2P+0.2Y$ に代入すると，

$D=50-2P+0.2\times120$

$D=-2P+74$

したがって，傾き (D) は-2，ヨコ軸切片は 74 である．

$D=-2P+74$ を $P=\sim$ に変形すると，

$P=-0.5P+37$

よって，タテ軸切片は，37 である．

```
     P
     ↑
  37 |\
     | \
     |  \
     |   \
     |    \
     |     \
     |      \
     |       \
     0————————74————→ D
```

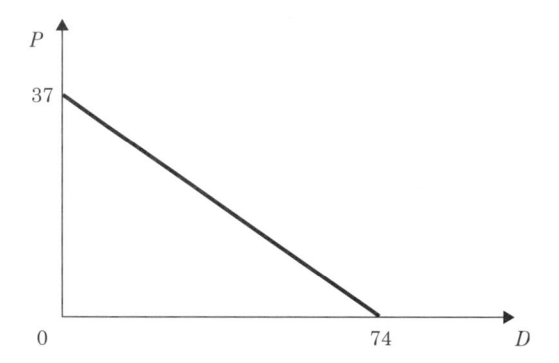

[**補講**] (3)(4)の問題で，Y を所得として捉えた場合，所得の増加は，需要を増大する．このような特徴をもつ財の場合，Y の係数の符号はプラスである．座標軸には所得を示すものはない．所得の増加に伴う需要の増大を需要関数の右上シフトで示すことができる．このように，価格以外の変数が座標軸上に表されていないが，需要に影響を与える変数を**外生変数**といい，価格のように座標軸を使って説明した需要量に影響を与える変数を**内生変数**という．

(2) 需要の価格弾力性（e_D）

需要の価格弾力性とは，価格の 1% 変化に対する需要量の変化の大きさを示すもので，すなわち，価格変化に対する需要量の反応度のことである．マクロ経済学で学習した投資の利子弾力性と同じ考え方で，需要の価格弾力性も学ぶことができる．先ほどのショートケーキの需要関数で，需要の価格弾力性を考える．

$$D = -0.02P + 8$$

価格 300 円の時は需要量が 2 個で，価格 150 円の時は需要量が 5 個である．

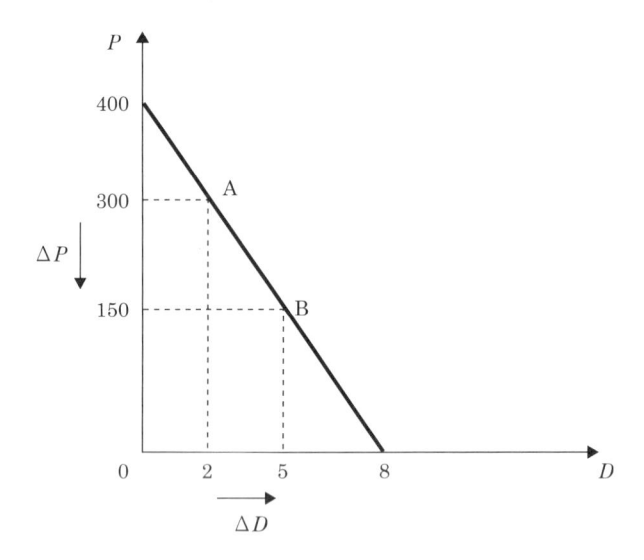

価格が 300 円から 150 円に下落した時，ショートケーキの需要量は 2 個から 5 個に増加する．価格の変化分と需要量の変化分は，

$$価格の変化分（\Delta P）= 変化後の価格 - 変化前の価格$$
$$= 150 - 300$$
$$= -150$$
$$需要量の変化分（\Delta D）= 変化後の需要量 - 変化前の需要量$$
$$= 5 - 2$$
$$= 3$$

次に，価格の変化率と需要量の変化率は，

$$価格の変化率 = \frac{価格の変化分}{変化前の価格} = -\frac{150}{300} = -0.5$$

$$需要量の変化率 = \frac{需要量の変化分}{変化前の需要量} = \frac{3}{2} = 1.5$$

ここで，需要の価格弾力性を定義すると，

$$需要の価格弾力性 (e_D) = -\frac{需要量の変化率}{価格の変化率}$$
$$= -\frac{1.5}{-0.5}$$
$$= 3$$

次に，文字式を使って需要の価格弾力性を表すことにする．価格の変化分 ΔP，需要量の変化分 ΔD は，それぞれ，$\Delta P = P_2 - P_1$，$\Delta D = D_2 - D_1$，価格の変化率は $\frac{\Delta P}{P_1}$，需要量の変化率は $\frac{\Delta D}{D_1}$ となる．ここで注意しておきたいことは，弾力性の値は正の値を常にとるということである．需要関数は右下がりであることより，$\Delta P < 0$，$\Delta D > 0$，すなわち，価格が下落すれば需要量は増加する．したがって，需要の価格弾力性が正の値をとるために，各変化率の比の前にマイナス（－）を付ける必要がある．これは，マクロ経済学で学んだ投資の利子弾力性と同じ考え方である．

次のページのグラフ上のA点における需要の価格弾力性は，次式で表現できる．

$$需要の価格弾力性 (e_D) = -\frac{需要量の変化率}{価格の変化率}$$
$$= -\frac{\dfrac{\Delta D}{D_1}}{\dfrac{\Delta P}{P_1}}$$
$$= -\frac{\Delta D}{\Delta P} \cdot \frac{P_1}{D_1}$$

$\frac{\Delta D}{\Delta P}$ は，$\frac{需要量の変化分}{価格の変化分}$ であり，価格が1円上昇したことによる需要量の変化分のこと，すなわち，傾き（D）のことである．

$$\text{需要の価格弾力性}(e_D) = -\text{傾き}(D) \times \frac{\text{変化前の価格}}{\text{変化前の需要量}}$$

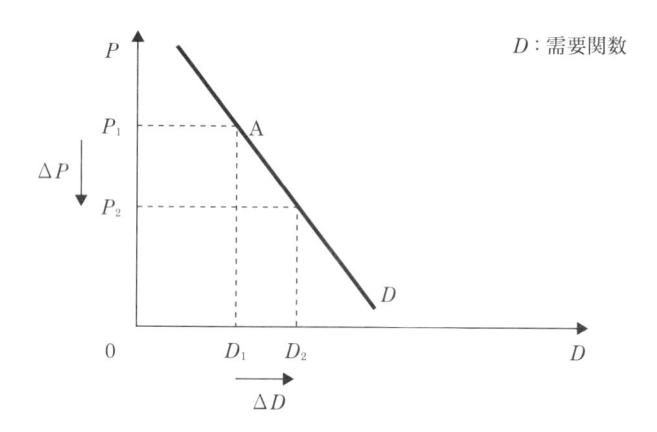

ここで需要の価格弾力性の定義を用いて，先述の例に関して需要の価格弾力性の値を算出し，同じ値となることを確認する．

$D = -0.02P + 8$，変化前の価格：300，変化前の需要量：2 より，

$$\text{需要の価格弾力性} = -(-0.02) \times \frac{300}{2}$$
$$= 3$$

需要の価格弾力性の値についてであるが，価格が変化しても需要量があまり変化せず，その需要量はほぼ一定である時，需要の価格弾力性は 0 から 1 の間

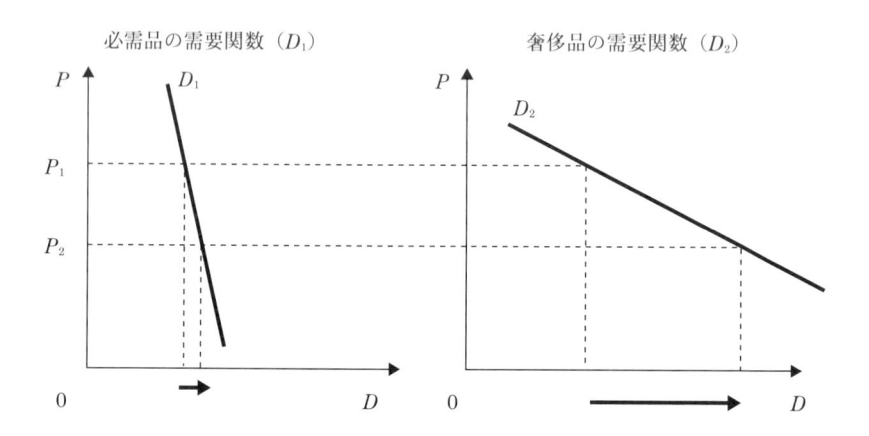

の値をとる．このような財を需要の価格弾力性が「非弾力的」であるといい，**必需品**がこれに相当する．それに対して，価格の変化に対して需要量が大きく変動する時，需要の価格弾力性は1よりも大きな値をとる．このような財を需要の価格弾力性が「弾力的」であるといい，高級ブランドの衣類や海外旅行に代表される**奢侈品**が該当する．

【ドリル5.2】

以下のような需要関数と変化前の価格が与えられているとき，変化後の需要量と需要の価格弾力性の大きさを計算しなさい．さらに，需要の価格弾力性の値が非弾力的，または弾力的かについて答えなさい．

(1) 需要関数 $D=-3P+12$，変化前の価格を3
(2) 需要関数 $D=-4P+60$，変化前の価格を5
(3) 需要関数 $D=-2P+70$，変化前の価格を20

【ドリル 5.2：解答】

(1) 変化前の需要量は，$P=3$ を $D=-3P+12$ に代入すると求まる．

$D=-3\times3+12=3$

需要の価格弾力性 $=-(-3)\times\dfrac{3}{3}=3$

したがって，$e_D>1$ なので弾力的である．

(2) 変化前の需要量は，$P=5$ を $D=-4P+60$ に代入すると求まる．

$D=-4\times5+60=40$

需要の価格弾力性 $=-(-4)\times\dfrac{5}{40}=0.5$

したがって，$0<e_D<1$ なので非弾力的である．

(3) 変化前の需要量は，$P=20$ を $D=-2P+70$ に代入すると求まる．

$D=-2\times20+70=30$

需要の価格弾力性 $=-(-2)\times\dfrac{20}{30}=\dfrac{4}{3}$

したがって，$e_D>1$ なので弾力的である．

2. 供給

（1）供給関数

店で商品やサービスを作って販売する人を「生産者」または「企業」と呼ぶ．生産者は常に商品を生産，販売してより多くの収入を得たい．企業がそのような動機に基づいて商品を生産して販売することを「**供給**」といい，その商品を販売する個数のことを「供給量」という．

生産者は，より高い「価格」で，より多くの商品（供給量）を売りたい．生産者に関する価格 P と供給量 S との関係を，**供給関数**を用いて表現する．

例えば，以下のようなショートケーキの供給関数を考える．

$$S = 0.02P - 2$$

供給関数のグラフを描くときは，タテ軸を P，ヨコ軸を S とするので，需要関数の時と同様，供給関数もヨコ軸の変数＝〜 の形となっている．つまり，0.02 は傾き（S）であり，-2 はヨコ軸切片となる．タテ軸切片は，供給関数を $P=$〜の形に直すと，$P = 50S + 100$ なので，100 である．タテ軸切片とヨコ軸切片とを結ぶと以下のようなグラフを描くことができる．

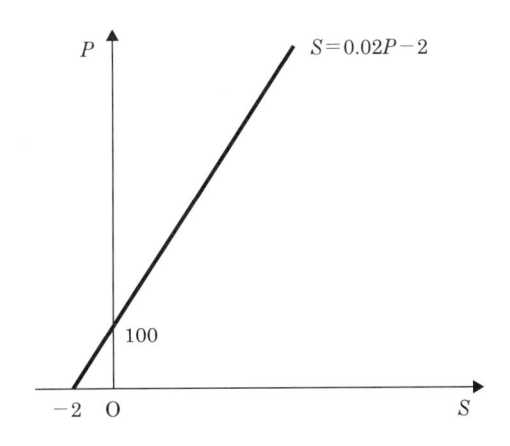

ショートケーキ 1 個の価格が 200 円で与えられていた時，ショートケーキの供給量は，$P = 200$ を $S = 0.02P - 2$ に代入すると求まる．

$S=0.02\times200-2$

　　$=4-2$

　　$=2$

ショートケーキ1個の価格が300円で与えられていた時，ショートケーキの供給量は，$P=300$ を $S=-0.02P-2$ に代入すると求まる．

$S=0.02\times300-2$

　　$=6-2$

　　$=4$

したがって，価格200円の時は供給量が2個で，価格300円の時は供給量が4個である．（価格，供給量）＝（200，2）をA点，（300，4）をB点として，座標軸上に各点を打つと以下のようになる．

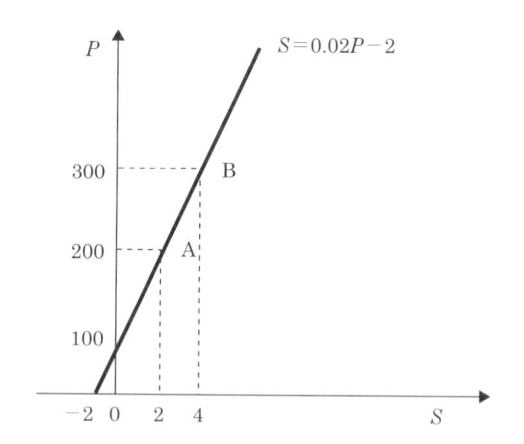

【ドリル5.3】

以下の供給関数に関して，傾き（S），ヨコ軸切片，タテ軸切片を答え，グラフを描きなさい．ただし，座標軸は，タテ軸をP，ヨコ軸をSとする．

(1) $S=2P-8$

(2) $S=P-100$

(3) $W=100$ の時の $S=2P-0.2W-50$

(4) $W=120$ の時の $S=2P-0.2W-50$

【ドリル5.3：解答】

(1) $S=2P-8$ より，傾き (S) は2，ヨコ軸切片は -8 である．

$S=2P-8$ を $P=\sim$ に変形すると，

$$P=\frac{1}{2}S+4$$

よって，タテ軸切片は，4である．

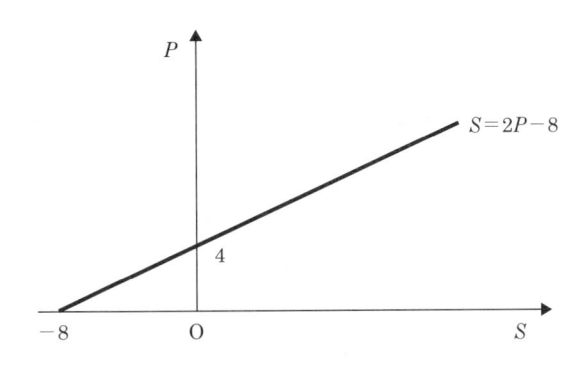

(2) $S=P-100$ より，傾き (S) は1，ヨコ軸切片は -100 である．

$S=P-100$ を $P=\sim$ に変形すると，

$$P=S+100$$

よって，タテ軸切片は，100である．

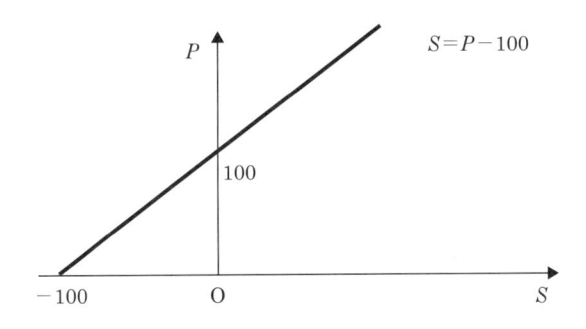

(3) $W=100$ を,$S=2P-0.2W-50$ に代入すると,

$S=2P-0.2\times100-50$

$S=2P-70$

したがって,傾き (S) は 2,ヨコ軸切片は -70 である.

$S=2P-70$ を $P=\sim$ に変形すると,

$P=0.5S+35$

よって,タテ軸切片は,35 である.

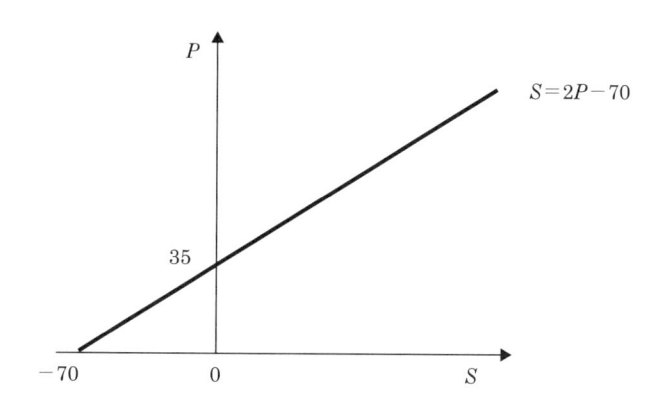

(4) $W=120$ を $S=2P-0.2W-50$ に代入すると,

$S=2P-0.2\times120-50$

$S=2P-74$

したがって,傾き (S) は 2,ヨコ軸切片は -74 である.

$S=2P-74$ を $P=\sim$ に変形すると,

$P=0.5S+37$

よって,タテ軸切片は,37 である.

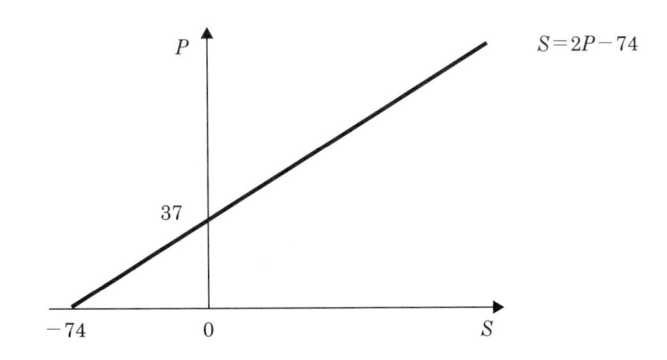

$$P$$ 軸、S 軸のグラフ。直線 $S = 2P - 74$ が描かれ、P 切片は 37、S 切片は -74。

(3)と(4)を比較すると，W を賃金として捉えた場合，賃金の上昇により供給関数を左上へシフトしていることがわかる．ここでの賃金は，外生変数となる．（外生変数については，141 ページ〔補講〕を参照すること）．

[補講] 需要関数と供給関数のシフト要因

需要関数を右上へシフトさせる要因として，以下の 5 つを挙げることができる．

- 所得の増加（※所得増加により需要量が増加する商品を上級財という）
- 人口の増加
- 以前よりも好きになったという心理的変化
- ライバル商品の価格の上昇
- 砂糖とコーヒーの組合せのように 2 つの商品を同時に消費する時，一方の商品の価格が下落し，他方の商品の価格が一定の場合

供給関数を右下へシフトさせる要因として，以下の 3 つを挙げることができる．

- 賃金率の低下
- 技術進歩による生産性の上昇
- 企業の新規参入

これらが，外生変数に相当する．

（2） 供給の価格弾力性（e_s）

供給の価格弾力性とは，価格の 1% 変化に対する供給量の変化の大きさを示すもので，すなわち，価格変化に対する供給量の反応度のことである．先ほどのショートケーキの供給関数で，供給の価格弾力性を考える．

$$S = 0.02P - 2$$

価格 200 円の時は供給量が 2 個で，価格 300 円の時は供給量が 4 個である．

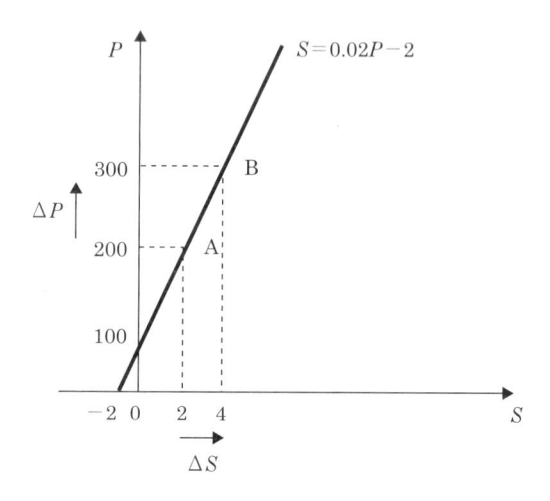

価格が 200 円から 300 円に上昇した時，ショートケーキの供給量は 2 個から 4 個に増加する．価格の変化分と供給量の変化分は，

$$\text{価格の変化分}（\Delta P）= \text{変化後の価格} - \text{変化前の価格}$$
$$= 300 - 200$$
$$= 100$$

$$\text{供給量の変化分}（\Delta S）= \text{変化後の供給量} - \text{変化前の供給量}$$
$$= 4 - 2$$
$$= 2$$

次に，価格の変化率と供給量の変化率は，

$$\text{価格の変化率} = \frac{\text{価格の変化分}}{\text{変化前の価格}} = \frac{100}{200} = 0.5$$

$$\text{供給量の変化率} = \frac{\text{供給量の変化分}}{\text{変化前の供給量}} = \frac{2}{2} = 1$$

ここで，供給の価格弾力性を定義すると，

$$\text{供給の価格弾力性}(e_S) = \frac{\text{供給量の変化率}}{\text{価格の変化率}}$$
$$= \frac{1}{0.5}$$
$$= 2$$

次に，文字式を使って供給の価格弾力性を表すことにする．価格の変化分 ΔP，供給量の変化分 ΔS は，それぞれ，$\Delta P = P_2 - P_1$，$\Delta S = S_2 - S_1$，価格の変化率は $\frac{\Delta P}{P_1}$，供給量の変化率は $\frac{\Delta S}{S_1}$ となる．

以下のグラフ上のA点における供給の価格弾力性は，次式で表現できる．

$$\text{供給の価格弾力性}(e_S) = \frac{\text{供給量の変化率}}{\text{価格の変化率}}$$
$$= \frac{\frac{\Delta S}{S_1}}{\frac{\Delta P}{P_1}}$$
$$= \frac{\Delta S}{\Delta P} \cdot \frac{P_1}{S_1}$$

$\frac{\Delta S}{\Delta P}$ は，$\frac{\text{供給量の変化分}}{\text{価格の変化分}}$ であり，価格が1円上昇したことによる供給量の変化分のこと，すなわち，傾き(S)のことである．

$$\text{供給の価格弾力性}(e_S) = \text{傾き}(S) \times \frac{\text{変化前の価格}}{\text{変化前の供給量}}$$

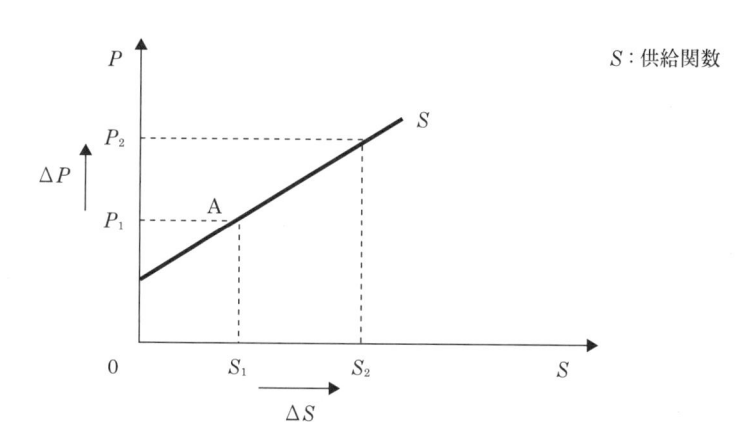

ここで供給の価格弾力性の定義を用いて，先述の例に関して供給の価格弾力性の値を算出し，同じ値となることを確認する．

$S=0.02P-2$，変化前の価格：200，変化前の需要量：2 より，

$$\text{供給の価格弾力性} = (0.02) \times \frac{200}{2}$$

$$= 2$$

供給の価格弾力性の値についてであるが，価格が変化しても供給量はあまり変化せず，その供給量はほぼ一定である時，供給の価格弾力性は0から1の間の値をとる．このような財を供給の価格弾力性が「非弾力的」であるという．それに対して，価格の変化に対して供給量が大きく変動する時，供給の価格弾力性は1よりも大きな値をとる．このような財を供給の価格弾力性が「弾力的」であるという．

【ドリル5.4】

以下のような供給関数と変化前の価格が与えられているとき，変化後の供給量と供給の価格弾力性の大きさを計算しなさい．さらに，供給の価格弾力性の値が非弾力的，または弾力的かについて答えなさい．

(1) 供給関数 $S=3P-6$，変化前の価格を3
(2) 供給関数 $S=3P+24$，変化前の価格を7
(3) 供給関数 $S=2P-10$，変化前の価格を20

【ドリル5.4：解答】

(1) 変化前の需要量は，$P=3$ を $S=3P-6$ に代入すると求まる．

$S=3\times3-6=3$

供給の価格弾力性 $=3\times\dfrac{3}{3}=3$

したがって，$e_S>1$ なので弾力的である．

(2) 変化前の需要量は，$P=7$ を $S=3P+24$ に代入すると求まる．

$S=3\times7+24=45$

供給の価格弾力性 $=3\times\dfrac{7}{45}=\dfrac{7}{15}$

したがって，$0<e_S<1$ なので非弾力的である．

(3) 変化前の需要量は，$P=20$ を $S=2P-10$ に代入すると求まる．

$S=2\times20-10=30$

供給の価格弾力性 $=2\times\dfrac{20}{30}=\dfrac{4}{3}$

したがって，$e_S>1$ なので弾力的である．

3. 市場均衡

市場均衡とは，需要関数と供給関数との交点で決まる価格と数量のことである．これまで学習したショートケーキの需要関数と供給関数を用いて，経済モデルを考える．

市場均衡条件：(需要)＝(供給)
需要　　　：$D=-0.02P+8$　　D：需要量，P：価格，S：供給量
供給　　　：$S=0.02P-2$

市場均衡条件より，**均衡価格**を求める．

(需要)＝(供給)
$$D=S$$
$$-0.02P+8=0.02P-2$$
$$0.04P=10$$
$$P=250$$

均衡数量を求めるには，$P=250$ を，需要関数または，供給関数に代入すればよい．均衡価格であるので，どちらに代入しても同じ値となる．需要関数に代入した場合，

$$D=-0.02P+8$$
$$D=-0.02\times 250+8$$
$$D=3(=S)$$

したがって，市場均衡は（数量，価格）＝（3, 250）である．

座標軸上で市場均衡を明示して，需要関数と供給関数のグラフを描く．需要関数と供給関数を同じ座標軸上に描く場合，以下の(1)から(3)の手順で行う．

(1) 市場均衡の点（3, 250）を打つ．
(2) 需要関数の式からヨコ軸切片(8)がわかるので，市場均衡とヨコ軸切片とを直線で結ぶことで，需要関数のグラフを描くことができる．
(3) 供給関数の式からヨコ軸切片（−2）がわかるので，市場均衡とヨコ軸切片とを直線で結ぶことで，供給関数のグラフを描くことができる．

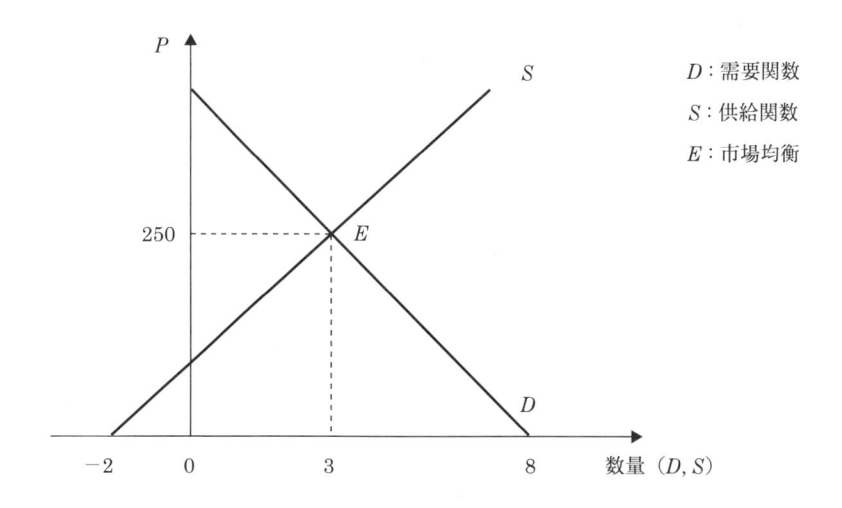

```
        P│            S
         │
         │
         │
     250 ┤- - - - ·E
         │       ╱│╲
         │      ╱ │ ╲
         │     ╱  │  ╲
         │    ╱   │   ╲
         │   ╱    │    ╲ D
    ─────┼──┼─────┼─────┼──→ 数量 (D, S)
       -2│  0     3     8
```

D：需要関数
S：供給関数
E：市場均衡

　もし，市場均衡が実現されていないのであれば，需要と供給とが不一致であり，価格の変動を通じた需要を供給の調整が行われる．これを**市場メカニズム**という．この議論においては，完全競争の下であることが前提である．**完全競争**では消費者と生産者はともに**プライステーカー**（価格受容者）として行動する．完全競争の諸条件は以下の4つである．
(1) 商品の同質性
(2) 多数の売り手と買い手の存在
(3) 完全情報
(4) 参入・退出が自由

　商品の同質性とは，商品がどの企業で生産されようが同じ品質であることを仮定し，消費者は同商品のブランド名を問わないことも仮定されることである．次に，**多数の売り手と買い手の存在**とは，ある商品の市場全体に占める各売り手と各買い手の割合が無視できるほど小さいことである．第三に，**完全情報**とは，各商品の価格，品質，数量については買い手も売り手も熟知していることである．最後に，**参入・退出の自由**とは，企業が各産業に新規参入しようが退出しようが，制度上の制約等をまったく受けないことである．これらの条件の下で，消費者と生産者が同一の商品やサービスを売買する状況を完全競争という．

【ドリル5.5】

以下の経済モデルに関して，市場均衡を求め，需要関数と供給関数のグラフを描きなさい．ただし，座標軸は，タテ軸を P，ヨコ軸を D または S とする．

(1) 市場均衡条件：(需要) = (供給)
  需要   : $D = -3P + 110$
  供給   : $S = 2P - 10$

(2) 市場均衡条件：(需要) = (供給)
  需要   : $D = -0.25P + 3$
  供給   : $S = 2P - 6$

(3) 市場均衡条件：(需要) = (供給)
  需要   : $D = -1.5P + 6$
  供給   : $S = 2P - 1$

(4) 市場均衡条件：(需要) = (供給)
  需要   : $D = -P + 400$
  供給   : $S = 0.5P - 35$

【ドリル 5.5：解答】

(1) 市場均衡条件より，均衡価格を求める．

$$（需要）＝（供給）$$
$$D=S$$
$$-3P+110=2P-10$$
$$5P=120$$
$$P=24$$

均衡数量を求めるには，$P=24$ を需要関数または供給関数に代入すればよい．均衡価格であるので，どちらに代入しても同じ値となる．需要関数に代入した場合，

$$D=-3P+110$$
$$D=-3\times 24+110$$
$$D=38(=S)$$

したがって，市場均衡は（数量，価格）＝（38, 24）である．

座標軸上で市場均衡を明示して，需要関数と供給関数のグラフを描く．
はじめに，市場均衡の点 (38, 24) を打ち，次に，需要関数と供給関数のグラフをそれぞれ描く．（グラフを描く手順は 156 ページを参照のこと）

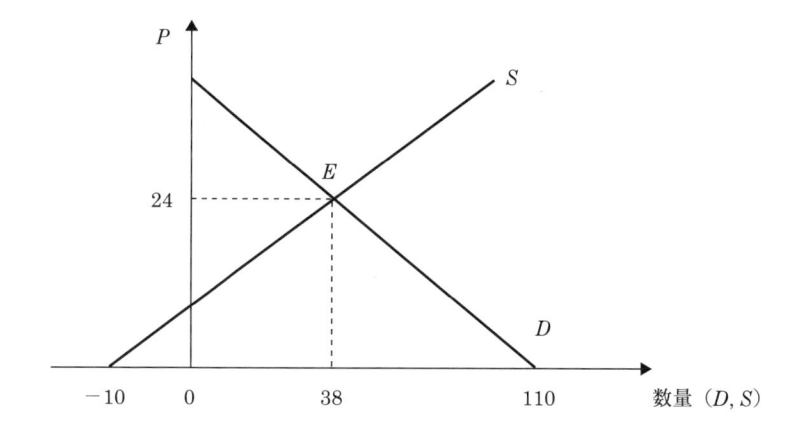

(2) 市場均衡条件より，均衡価格を求める．

(需要)＝(供給)

$D=S$

$-0.25P+3=2P-6$

$2.25P=9$

$P=4$

均衡数量を求めるには，$P=4$ を，需要関数または，供給関数に代入すればよい．均衡価格であるので，どちらに代入しても同じ値となる．供給関数に代入した場合，

$S=2P-6$

$S=2\times 4-6$

$S=2(=D)$

したがって，市場均衡は（数量，価格）＝(2, 4) である．

　座標軸上で市場均衡を明示して，需要関数と供給関数のグラフを描く．はじめに，市場均衡の点 (2, 4) を打ち，次に，需要関数と供給関数のグラフをそれぞれ描く．

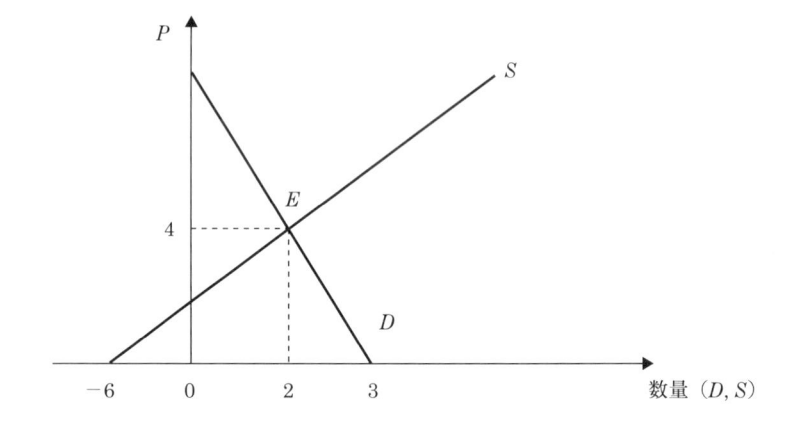

(3) 市場均衡条件より，均衡価格を求める．

(需要)＝(供給)

$D = S$

$-1.5P + 6 = 2P - 1$

$3.5P = 7$

$P = 2$

均衡数量を求めるには，$P=2$ を，需要関数または，供給関数に代入すればよい．均衡価格であるので，どちらに代入しても同じ値となる．供給関数に代入した場合，

$S = 2P - 1$

$S = 2 \times 2 - 1$

$S = 3 (= D)$

したがって，市場均衡は（数量，価格）＝（3, 2）である．

座標軸上で市場均衡を明示して，需要関数と供給関数のグラフを描く．はじめに，市場均衡の点（3, 2）を打ち，次に，需要関数と供給関数のグラフをそれぞれ描く．

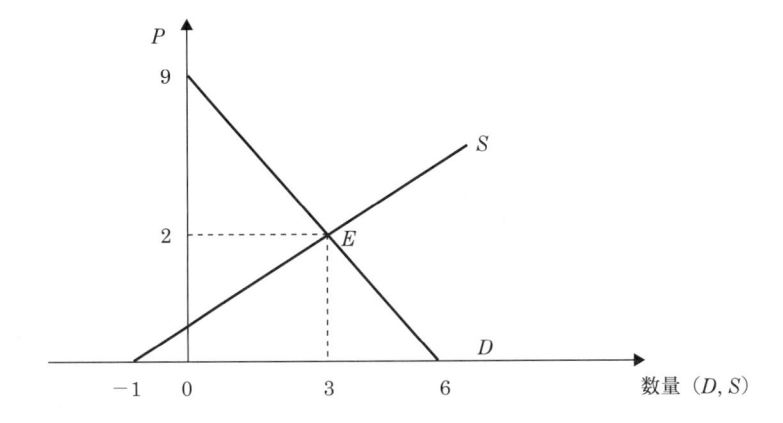

(4) 市場均衡条件より，均衡価格を求める．

(需要)＝(供給)

$$D = S$$
$$-P + 400 = 0.5P - 35$$
$$1.5P = 435$$
$$P = 290$$

均衡数量を求めるには，$P=290$ を，需要関数または，供給関数に代入すればよい．均衡価格であるので，どちらに代入しても同じ値となる．需要関数に代入した場合，

$$D = -P + 400$$
$$D = -1 \times 290 + 400$$
$$D = 110 (=S)$$

したがって，市場均衡は（数量，価格）＝（110，290）である．

座標軸上で市場均衡を明示して，需要関数と供給関数のグラフを描く．
はじめに，市場均衡の点（110，290）を打ち，次に，需要関数と供給関数のグラフをそれぞれ描く．

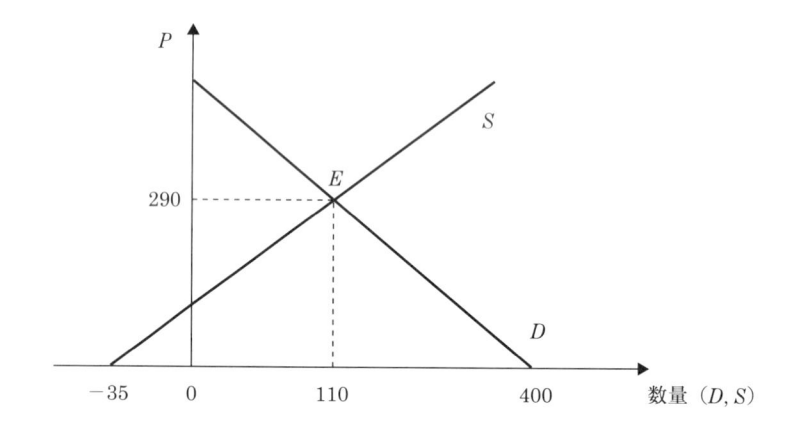

4. 自由貿易

　本節では，商品やサービスの売買を国内に限定するのでなく，海外市場も考慮に入れる．例えば，ある商品Aに関する国内市場の経済モデルと海外市場における商品Aの価格（国際価格）が以下のように与えられているとする．

　　　　市場均衡条件：（需要）＝（供給）
　　　　需要　　　　：$D=-P+900$
　　　　供給　　　　：$S=2P-300$
　　　　国際価格　　：200円

経済活動を国内で限定する場合，市場均衡は，

　　　　市場均衡条件より，（需要）＝（供給）
$$D=S$$
$$-P+900=2P-300$$
$$3P=1200$$
$$P=400$$

　均衡数量は，$P=400$ を，需要関数または，供給関数に代入すればよい．需要関数に代入した場合，

$$D=-P+900$$
$$D=-1\times 400+900$$
$$D=500(=S)$$

　したがって，市場均衡は（数量，価格）＝(500, 400) である．

　ここで，国際価格が200円である時の国内需要量と国内供給量を計算する．

　$P=200$ を，需要関数と供給関数にそれぞれ代入すると，これらを求めることができる．

　　　　国内需要量：$D=-1\times 200+900=700$
　　　　国内供給量：$S=2\times 200-300=100$

　この国で，規制されることなく商品の売買が行われている，すなわち，**自由貿易**を行う時，国内需要量は国内供給量に満たないので，この国はその差額で

ある 600（＝700－100）だけ商品 A を輸入することになる．

座標軸上に自由貿易を行わない時の市場均衡と自由貿易時の国内需要量・国内供給量を明示して，需要関数と供給関数のグラフを描くと，以下のようになる．

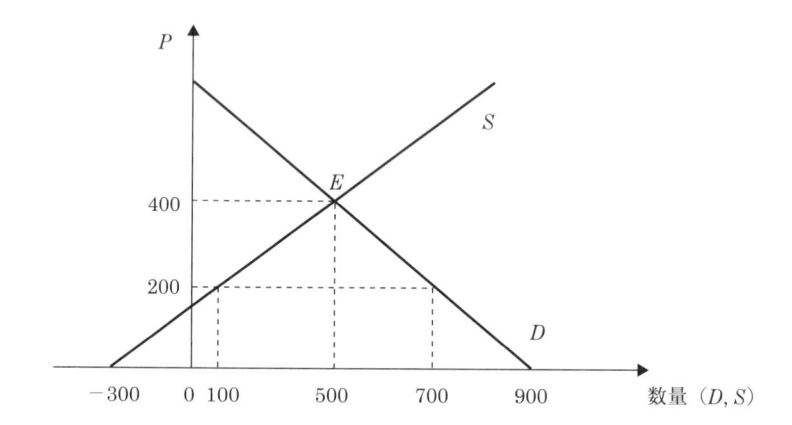

【ドリル5.6】

以下の経済モデルに関して，自由貿易を行わない時の市場均衡と自由貿易を行う時の国内需要量・国内供給量・輸入量を求め，需要関数と供給関数のグラフを描きなさい．ただし，座標軸は，タテ軸をP，ヨコ軸をDまたはSとする．

(1) 市場均衡条件：(需要)＝(供給)
　　　需要　　　：$D=-0.5P+50$
　　　供給　　　：$S=P-10$
　　　国際価格　：$P=20$

(2) 市場均衡条件：(需要)＝(供給)
　　　需要　　　：$D=-4P+980$
　　　供給　　　：$S=6P-120$
　　　国際価格　：$P=80$

(3) 市場均衡条件：(需要)＝(供給)
　　　需要　　　：$D=-P+14$
　　　供給　　　：$S=2P-4$
　　　国際価格　：$P=4$

【ドリル 5.6：解答】

(1) 市場均衡条件より，均衡価格を求める．

$$（需要）＝（供給）$$
$$D = S$$
$$-0.5P + 50 = P - 10$$
$$1.5P = 60$$
$$P = 40$$

均衡数量を求めるには，$P=40$ を，需要関数または，供給関数に代入すればよい．需要関数に代入した場合，

$$D = -0.5P + 50$$
$$D = -0.5 \times 40 + 50$$
$$D = 30 (= S)$$

したがって，市場均衡は（数量，価格）＝（30, 40）である．

次に，国際価格が 20 である時の国内需要量と国内供給量を計算する．
$P=20$ を，需要関数と供給関数にそれぞれ代入する．

国内需要量：$D = -0.5 \times 20 + 50 = 40$

国内供給量：$S = 1 \times 20 - 10 = 10$

自由貿易を行う時，輸入量は $30 (= 40 - 10)$ である．
グラフは以下のようになる．

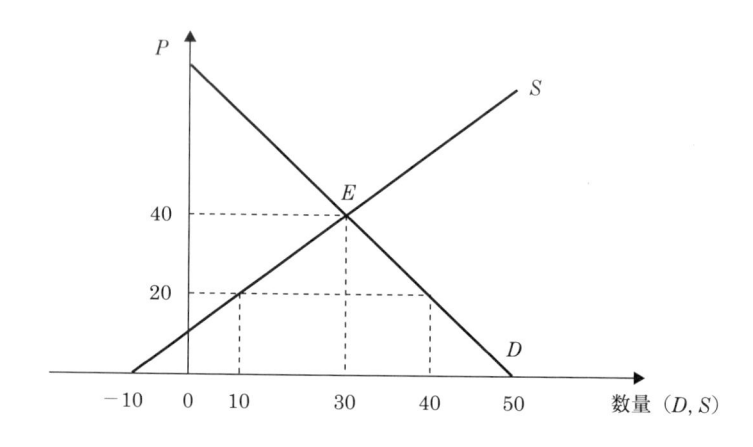

(2) 市場均衡条件より,均衡価格を求める.

(需要)＝(供給)

$D = S$

$-4P + 980 = 6P - 120$

$10P = 1100$

$P = 110$

均衡数量を求めるには,$P = 110$ を,需要関数または,供給関数に代入すればよい.供給関数に代入した場合,

$S = 6P - 120$

$S = 6 \times 110 - 120$

$S = 540 (= D)$

したがって,市場均衡は(数量,価格)＝(540, 110) である.

次に,国際価格が 80 である時の国内需要量と国内供給量を計算する.

$P = 80$ を,需要関数と供給関数にそれぞれ代入する.

国内需要量:$D = -4 \times 80 + 980 = 660$

国内供給量:$S = 6 \times 80 - 120 = 360$

自由貿易を行う時,輸入量は 300 ($= 660 - 360$) である.

グラフは以下のようになる.

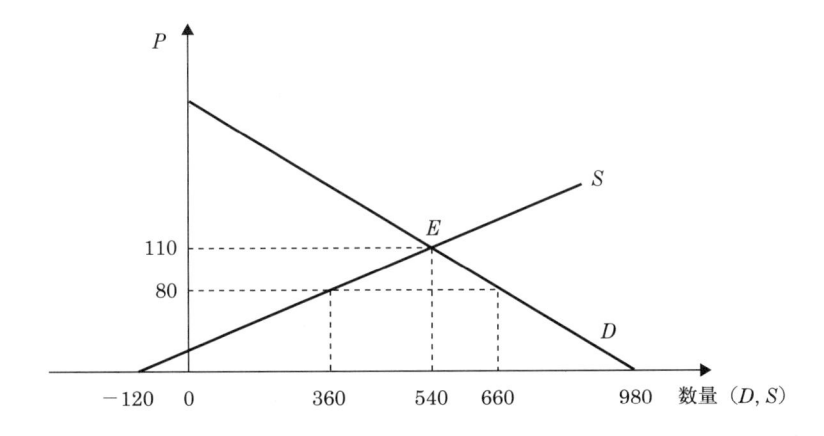

(3) 市場均衡条件より，均衡価格を求める．

(需要)＝(供給)

$D = S$

$-P + 14 = 2P - 4$

$3P = 18$

$P = 6$

均衡数量を求めるには，$P = 6$ を，需要関数または，供給関数に代入すればよい．供給関数に代入した場合，

$S = 2P - 4$

$S = 2 \times 6 - 4$

$S = 8 (= D)$

したがって，市場均衡は（数量，価格）＝(8, 6) である．
次に，国際価格が 4 である時の国内需要量と国内供給量を計算する．
$P = 4$ を，需要関数と供給関数にそれぞれ代入する．

国内需要量：$D = -1 \times 4 + 14 = 10$

国内供給量：$S = 2 \times 4 - 4 = 4$

自由貿易を行う時，輸入量は $6 (= 10 - 4)$ である．
グラフは以下のようになる．

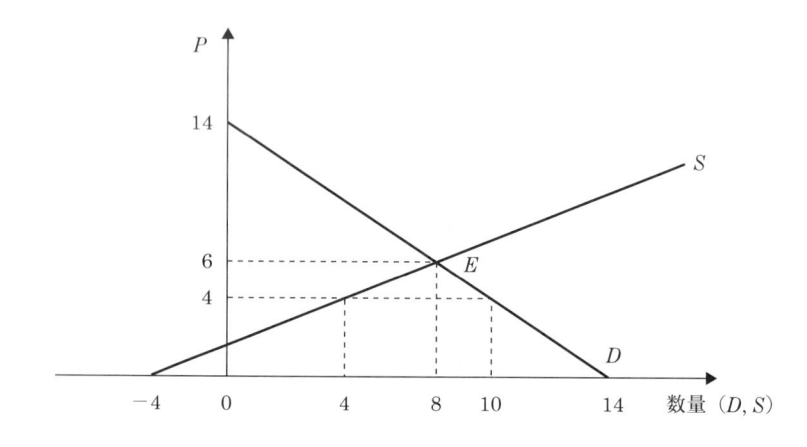

[補講] 国際価格が国内の市場均衡価格よりも高い時について

例えば，【ドリル 5.6】(3)の問題で国際価格を $P=8$ に変更して考える．

市場均衡条件：（需要）＝（供給）

需要　　　：$D=-P+14$

供給　　　：$S=2P-4$

国際価格　：$P=8$

市場均衡条件より，市場均衡は（数量，価格）＝(8, 6) である．
（詳細は【ドリル 5.6：解答】(3)を参照のこと）

次に，国際価格が 8 である時の国内需要量と国内供給量を計算する．

$P=8$ を，需要関数と供給関数にそれぞれ代入する．

国内需要量：$D=-1\times 8+14=6$

国内供給量：$S=2\times 8-4=12$

となり，国内供給量は国内需要量を上回り，国際価格が国内の市場均衡価格よりも高い．したがって，この場合における自由貿易では輸出を行うことになり，輸入量は 8（＝14−6）である．

需要関数と供給関数のグラフや国際価格を明示すると，以下のようになる．

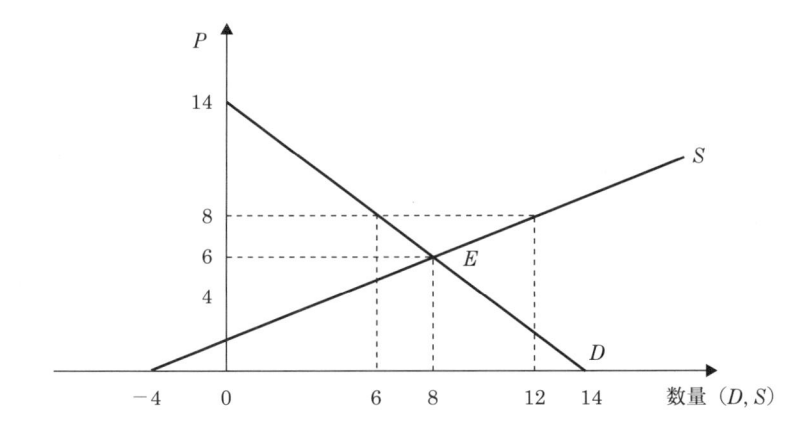

第6章

余　剰

1.　消費者余剰

　市場で決まる数量と価格とが望ましいかどうかを判断するためには**余剰概念**を用いて行う必要がある．第5章で学習した需要関数とは，価格が下落すると消費者の需要量が増加するという，価格と需要量との右下がりの関係である．ここでは，この需要関数の価格にはもう1つの意味があることを学習する．それは，需要関数の価格が，消費者が新たに商品を1単位だけ追加購入するならば支払っても良いと思う金額という意味をもつことである．したがって，需要関数を，消費者の「**限界評価関数**」と言い換えることができる．

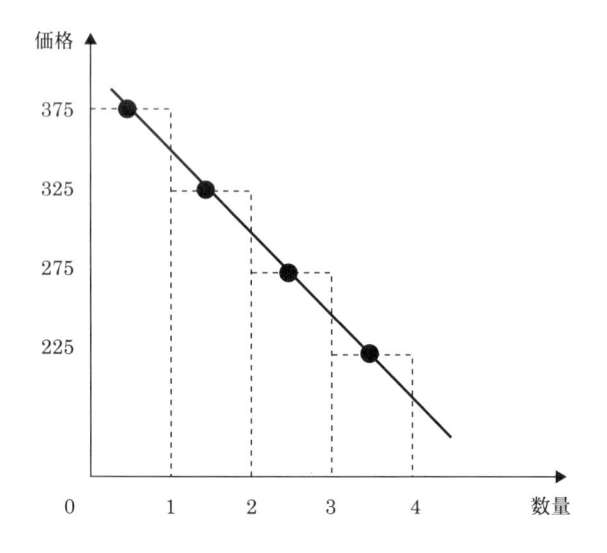

例えば，第5章と同様にショートケーキの消費者行動で考える．

ある消費者について，ショートケーキのはじめの1個に関する限界評価が375円，1個から2個に増やした時は325円，2個から3個に増やした時は275円，3個から4個に増やした時は225円支払ってもよいと考えている．

限界評価を用いてグラフを描く時は，はじめに棒グラフを描き，棒グラフの頂上の真ん中をとって線で結ぶ．なぜならば，0から1個へ，1個から2個とショートケーキの消費量を新たに増やしたことによる消費者の評価であるからである．この「新たに1つ増やす」ということが「限界」という言葉の意味である．これは，第3章1.で学習した投資の限界効率の「限界」と同じ意味をもつ．経済学で「限界」という言葉は，このように解釈する．ここで描いた限界評価関数のグラフが，第5章1. (1)で描いた需要関数 $D=-0.02P+8$ のグラフと同じであることを確認できる．

もし，この消費者がショートケーキを合計2個購入したならば，この消費者が最大限支払ってもよいと思う金額は，

375円+325円=700円である．

今，お店でショートケーキが1個，300円で販売され，消費者が2個購入したら，精算時に消費者がお店で支払わなければならない金額は，

300円×2個=600円である．

この消費者がショートケーキを2個買ってお勘定を済ませた時に得られる満足感は，「最大限支払っても良いと思う金額」からお店で「実際に支払った金額」を差し引いた大きさで表現することができる．これを**消費者余剰**（Consumer's Surplus）という．

次に，需要関数 $D=-0.02P+8$ のグラフを描いて，消費者余剰を示す．台形 OAEF が「最大限支払っても良いと思う金額」であり，□OBEF が「実際に支払った金額」である．その差の △ABE が「消費者余剰」である．

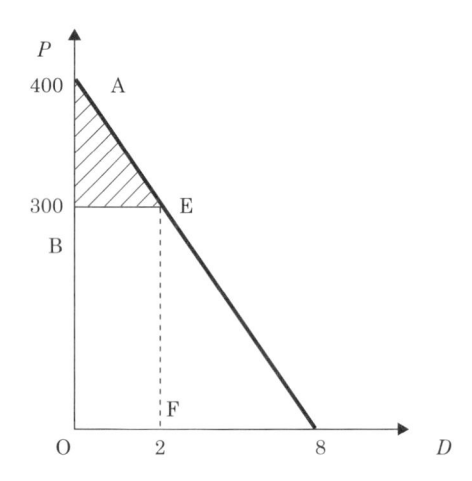

```
         P
     400 ┤A
         │╲
         │ ╲
     300 ┤──E
         │  │╲
       B │  │ ╲
         │  │  ╲
         │  │   ╲
         │  F    ╲
         └──┴────┴──→
         O  2    8   D
```

「最大限支払っても良いと思う金額」の大きさは，台形の面積の公式（上底＋下底）×高さ×$\frac{1}{2}$で求めることができる．（公式は176ページを参照）

$$\text{最大限支払っても良いと思う金額} = (EF+AO) \times OF \times \frac{1}{2}$$
$$= (300+400) \times 2 \times \frac{1}{2}$$
$$= 700$$

「実際に支払った金額」は，長方形の面積の公式（タテの長さ×ヨコの長さ）で求めることができる．

$$\text{実際に支払った金額} = \square OBEF$$
$$= 300 \times 2$$
$$= 600$$

したがって，消費者余剰は，$100 (=700-600)$ である．
消費者余剰を求めるだけであれば，斜線の三角形の面積（△ABE）だけの大きさを計算すればよい．

$$\triangle ABE = (400-300) \times 2 \times \frac{1}{2} = 100$$

【ドリル 6.1】

次の需要関数と価格が与えられているとき，その価格の下での需要量を算出し，需要関数のグラフを描きなさい．さらに，その価格の下で，消費者が最大限支払ってもよいと思う金額，実際に支払った金額，消費者余剰を，それぞれ計算しなさい．

(1) 需要関数：$D = -3P + 12$，価格：$P = 2$
(2) 需要関数：$D = -4P + 60$，価格：$P = 10$
(3) 需要関数：$D = -2P + 60$，価格：$P = 25$
(4) 需要関数：$D = -P + 400$，価格：$P = 150$

【ドリル6.1：解答】

(1) $P=2$ の時の需要量は，$P=2$ を $D=-3P+12$ に代入すると求まる．

$D=-3\times 2+12$

$D=6$

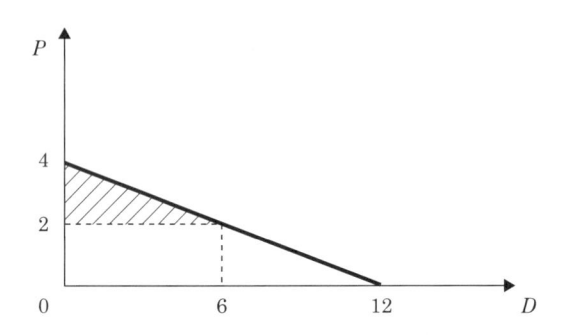

最大限支払っても良いと思う金額 $=(2+4)\times 6\times \dfrac{1}{2}=18$

実際に支払った金額 $=2\times 6=12$

消費者余剰 $=18-12=6$

(2) $P=10$ の時の需要量は，$P=10$ を $D=-4P+60$ に代入すれば求まる．

$D=-4\times 10+60$

$D=20$

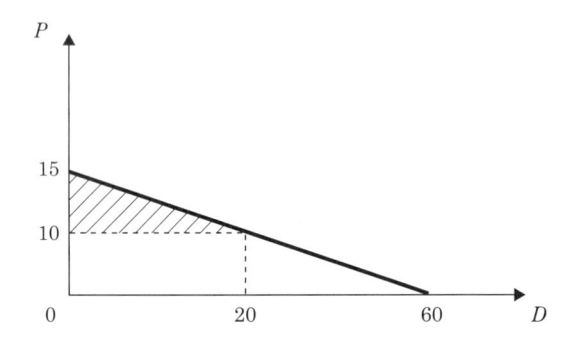

最大限支払っても良いと思う金額 $=(10+15)\times 20\times \dfrac{1}{2}=250$

実際に支払った金額 $=10\times 20=200$

消費者余剰 $=250-200=50$

(3) $P=25$ の時の需要量は，$P=25$ を $D=-2P+60$ に代入すれば求まる．

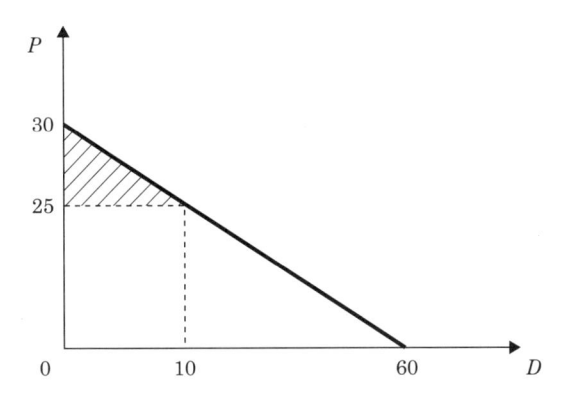

$D=-2\times 25+60$

$D=10$

最大限支払っても良いと思う金額 $=(25+30)\times 10\times \dfrac{1}{2}=275$

実際に支払った金額 $=25\times 10=250$

消費者余剰 $=275-250=25$

(4) $P=150$ の時の需要量は，$P=150$ を $D=-P+400$ に代入すれば求まる．

$D=-1\times 150+400$

$D=250$

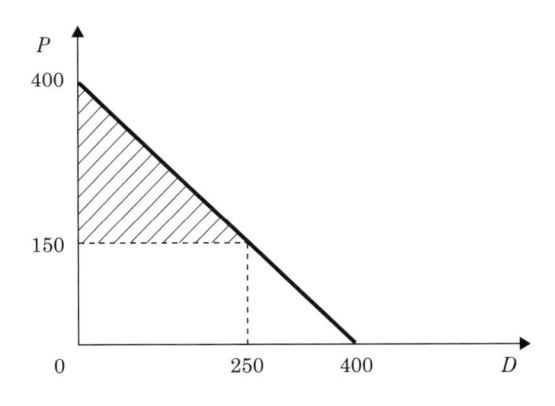

最大限支払っても良いと思う金額＝$(150+400) \times 250 \times \dfrac{1}{2}=68750$

実際に支払った金額＝$150 \times 250 = 37500$

消費者余剰　　　　　＝$68750 - 37500 = 31250$

台形の面積の公式(1)

（上底＋下底）×高さ×$\dfrac{1}{2}$

a　　　b　　　h

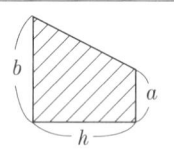

2. 生産者余剰

　第5章で学習した供給関数とは，価格が上昇すれば生産者の供給量が増加するという，価格と供給量との右上がりの関係ある．需要関数の時と同様に，供給関数の価格にももう1つの意味があることを学習する．それは，供給関数の価格が，生産者が新たに商品を1単位だけ追加販売するならばかかってくる費用金額であるという意味をもつことである．したがって，供給関数を，企業の「**限界費用関数**」と言い換えることができる．

　先述と同様，ショートケーキで考える．あるケーキ屋ではショートケーキを1個作るのにかかる費用は125円，1個から2個に増やした時は175円，2個から3個に増やした時は225円，3個から4個に増やした時は275円だけ新たに費用がかかる．このように，新たに生産量を1個追加することによってかかってくる費用のことを「**限界費用**」という．

　このショートケーキに関する限界費用関数を描く際は，第6章1.で学習した限界評価関数と同様の手続きで行う．なぜならば，ここでも「限界」とい

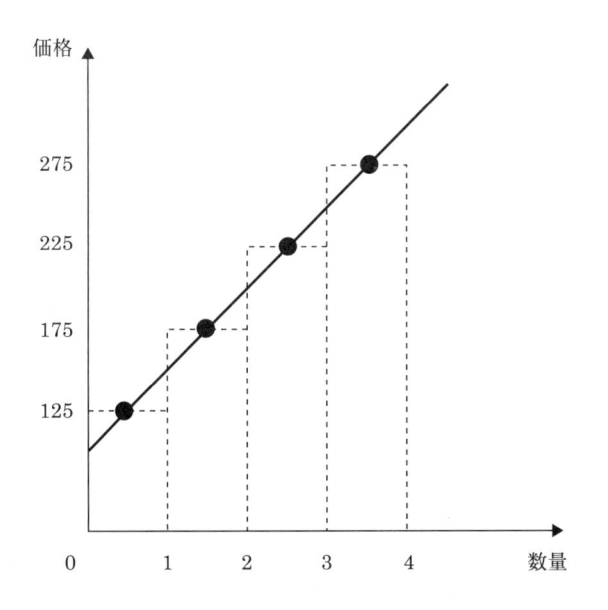

う言葉が登場しその意味は同じであるからである．つまり，はじめに棒グラフを描き，棒グラフの頂上の真ん中をとって線で結ぶことで，限界費用関数のグラフを描くことができる．ここで描いた限界費用関数のグラフが，第5章 2. (1)で描いた供給関数 $S=0.02P-2$ のグラフと同じであることを確認できる．

もし，お店でショートケーキを合計2個生産して販売したならば，ショートケーキの限界費用の合計は，

125円＋175円＝300円である．

今，お店でショートケーキが1個，300円で販売され，消費者が2個購入した時のお店の収入は，

300円×2個＝600円である．

お店がショートケーキを2個売ってもうけた金額は，「収入」から「限界費用の合計」を差し引いた大きさで表現することができる．これを**生産者余剰**（Producer's Surplus，または粗利潤）という．なお，限界費用の合計を「**可変費用**」という．可変費用とは，生産量の大きさに依存して変化する費用のことで，例えば，原材料費等がある．詳細は，第8章の企業行動で学習する．

次に，供給関数 $S=0.02P-2$ のグラフを描いて，生産者余剰を示す．□OCEF が「収入」であり，台形 OBEF が「可変費用」である．その差の △BCE が「生産者余剰」である．

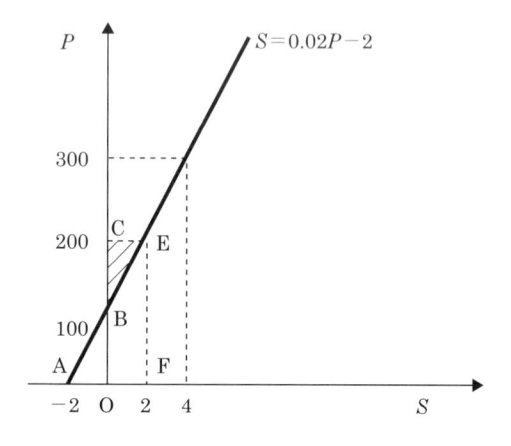

$$収入 = OC \times OF$$
$$= 200 \times 2$$
$$= 400$$
$$可変費用 = (OB + EF) \times OF \times \frac{1}{2}$$
$$= (100 + 200) \times 2 \times \frac{1}{2}$$
$$= 300$$

したがって，生産者余剰は，100（＝400－300）である．生産者余剰を求めるだけであれば，残りの三角形の面積（△BCE）だけの大きさを計算すればよい．

$$\triangle BCE = (200 - 100) \times 2 \times \frac{1}{2} = 100$$

【ドリル6.2】

次の供給関数と価格が与えられているとき，その価格の下での供給量を算出し，供給関数のグラフを描きなさい．さらに，その価格の下で，企業の収入，可変費用，生産者余剰を，それぞれ計算しなさい．

(1) 供給関数：$S = 2P - 8$，価格：$P = 6$
(2) 供給関数：$S = P - 100$，価格：$P = 125$
(3) 供給関数：$S = 2P + 70$，価格：$P = 20$
(4) 供給関数：$S = 0.5P - 35$，価格：$P = 290$

180　第Ⅱ部　ミクロ経済学の基礎

【ドリル6.2：解答】

(1) $P=6$ の時の供給量は，$P=6$ を $S=2P-8$ に代入すると求まる．

$S=2\times6-8$

$S=4$

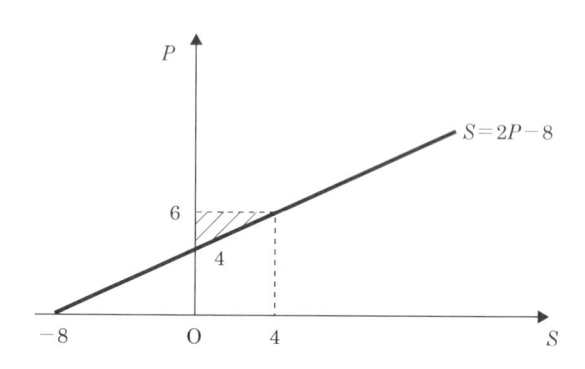

収入　　　$=6\times4=24$

可変費用　$=(4+6)\times4\times\dfrac{1}{2}=20$

生産者余剰$=24-20=4$

(2) $P=125$ の時の供給量は，$P=125$ を $S=P-100$ に代入すると求まる．

$S=1\times125-100$

$S=25$

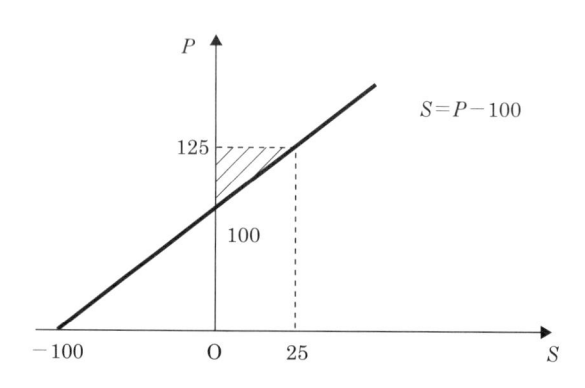

収入　　　＝125×25＝3125

可変費用　＝(100＋125)×25×$\frac{1}{2}$＝2812.5

生産者余剰＝3125－2812.5＝312.5

(3)　$P=20$ の時の供給量は，$P=20$ を $S=2P+70$ に代入すると求まる．

　　$S=2\times20+70$

　　$S=110$

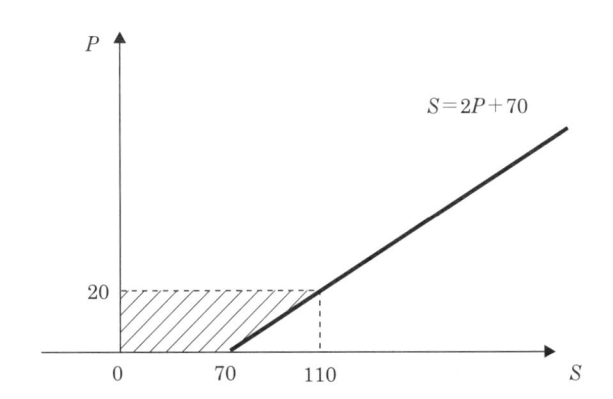

収入　　　＝20×110＝2200

可変費用　＝(110＋70)×20×$\frac{1}{2}$＝1800

生産者余剰＝2200－1800＝400

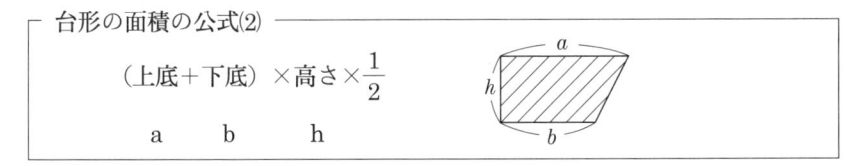

台形の面積の公式(2)

　　　　(上底＋下底)×高さ×$\frac{1}{2}$

　　　　　a　　b　　　h

※176ページと図形の位置は異なるが台形の面積を求めることができるようになろう．

(4) $P=290$ の時の供給量は，$P=290$ を $S=0.5P-35$ に代入すると求まる．

$S=0.5\times290-35$

$S=110$

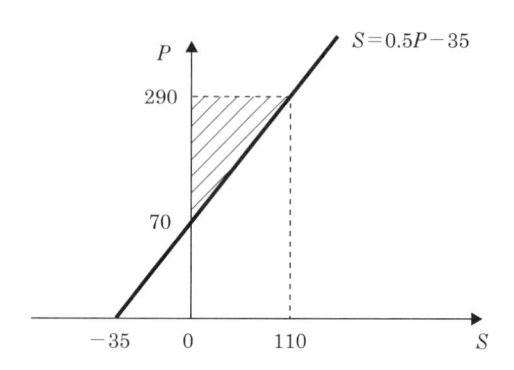

収入　　　$=290\times110=31900$

可変費用　$=(70+290)\times110\times\dfrac{1}{2}=19800$

生産者余剰$=31900-19800=12100$

3. 市場均衡の余剰分析

　市場均衡とは，需要関数と供給関数との交点で決まる価格と数量のことである．第5章3.で学習したショートケーキの需要関数と供給関数を用いて，経済モデルを考える．

　　　市場均衡条件：(需要)＝(供給)
　　　需要　　　：$D=-0.02P+8$　D：需要量，P：価格，S：供給量
　　　供給　　　：$S=0.02P-2$

　このモデルより，市場均衡は(数量, 価格)＝(3, 250)であり，需要関数と供給関数のグラフは以下の通りである(市場均衡の求め方やグラフの描き方がわからない場合は，第5章3.を復習すること).

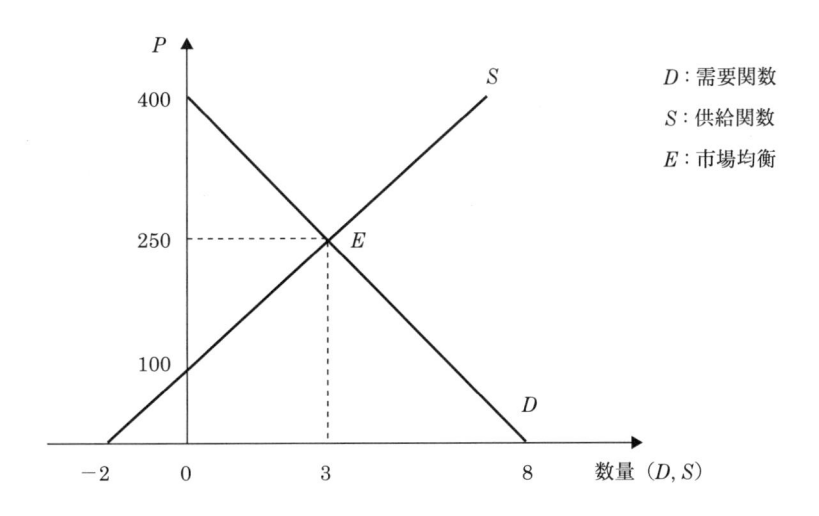

　このグラフを使って，市場均衡における消費者余剰と生産者余剰を計算する．

　　　消費者余剰＝$(400-250)\times 3\times \dfrac{1}{2}=225$

　　　生産者余剰＝$(250-100)\times 3\times \dfrac{1}{2}=225$

これらを足し合わせた値を「**社会的余剰**」という．このモデルの社会的余剰は次のように求めることができる．

$$\text{社会的余剰} = \text{消費者余剰} + \text{生産者余剰}$$
$$= 225 + 225$$
$$= 450$$

【ドリル6.3】

以下の経済モデルに関して，市場均衡を求め，需要関数と供給関数のグラフを描きなさい．さらに，消費者余剰，生産者余剰，社会的余剰も計算しなさい．ただし，座標軸は，タテ軸をP，ヨコ軸をDまたはSとする．

(1) 市場均衡条件：(需要) = (供給)
 　　需要 　　　：$D = -0.5P + 50$
 　　供給 　　　：$S = P - 10$

(2) 市場均衡条件：(需要) = (供給)
 　　需要 　　　：$D = -4P + 980$
 　　供給 　　　：$S = 6P - 120$

(3) 市場均衡条件：(需要) = (供給)
 　　需要 　　　：$D = -P + 14$
 　　供給 　　　：$S = 2P - 4$

【ドリル 6.3：解答】

(1) 市場均衡は（数量，価格）＝(30, 40) であり，グラフは以下の通りである（できなかった場合は，【ドリル 5.6】(1)を復習すること）．

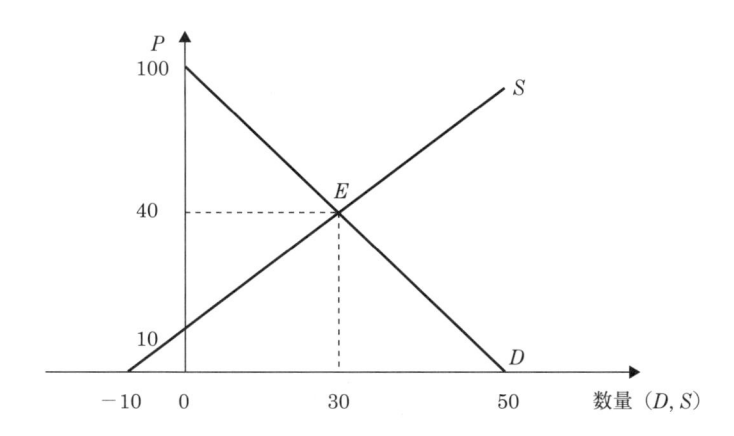

このグラフを使って，消費者余剰，生産者余剰，社会的余剰を計算する．

$$消費者余剰 = (100-40) \times 30 \times \frac{1}{2} = 900$$

$$生産者余剰 = (40-10) \times 30 \times \frac{1}{2} = 450$$

$$\begin{aligned}社会的余剰 &= 消費者余剰 + 生産者余剰 \\ &= 900 + 450 \\ &= 1350\end{aligned}$$

(2) 市場均衡は（数量，価格）＝(540, 110) であり，グラフは以下の通りである（できなかった場合は，【ドリル 5.6】(2)を復習すること）．

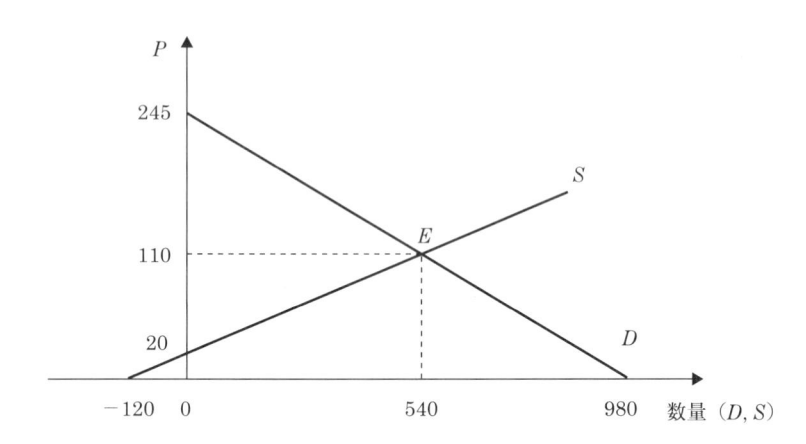

このグラフを使って，消費者余剰，生産者余剰，社会的余剰を計算する．

$$消費者余剰 = (245-110) \times 540 \times \frac{1}{2} = 36450$$

$$生産者余剰 = (110-20) \times 540 \times \frac{1}{2} = 24300$$

$$\begin{aligned}社会的余剰 &= 消費者余剰 + 生産者余剰 \\ &= 36450 + 24300 \\ &= 60750\end{aligned}$$

(3) 市場均衡は（数量，価格）=（8，6）であり，グラフは以下の通りである（できなかった場合は，【ドリル5.6】(3)を復習すること）．

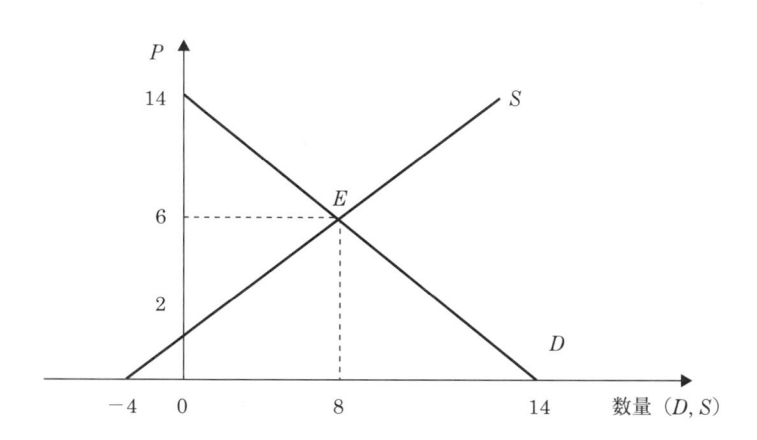

このグラフを使って，消費者余剰，生産者余剰，社会的余剰を計算する．

$$消費者余剰 = (14-6) \times 8 \times \frac{1}{2} = 32$$

$$生産者余剰 = (6-2) \times 8 \times \frac{1}{2} = 16$$

$$\begin{aligned}社会的余剰 &= 消費者余剰 + 生産者余剰 \\ &= 32 + 16 \\ &= 48\end{aligned}$$

4. 自由貿易の余剰分析

ここでは，第5章4.で学習した自由貿易が行われた時の消費者余剰，生産者余剰，社会的余剰を計算する．第5章4.と同様に，ある商品Aに関する国内市場の経済モデルと海外市場における商品Aの価格（国際価格）が以下のように与えられているとする．

市場均衡条件：（需要）＝（供給）
需要　　　　：$D=-P+900$
供給　　　　：$S=2P-300$
国際価格　　：200円

このモデルより，国際価格が200円である時の国内需要量は700，国内供給量は100，その差額である600（＝700－100）だけ商品Aを輸入する．需要関数と供給関数のグラフを描くと，以下のようになる（この計算がわからない場合は，第5章4.で復習すること）．

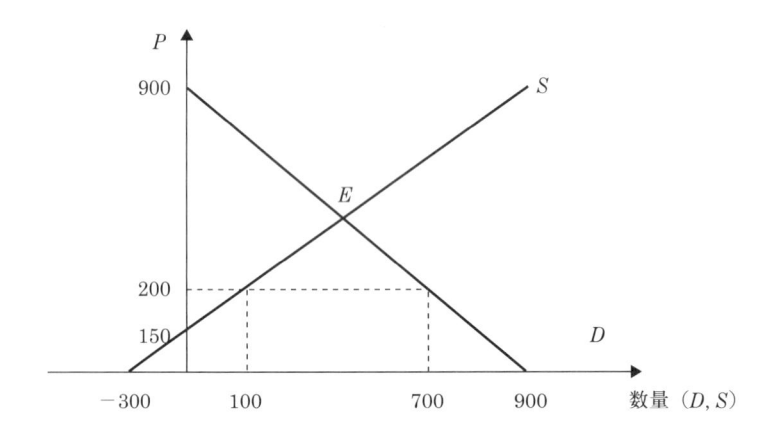

このグラフを使って，自由貿易時における消費者余剰と生産者余剰を計算する．はじめに，消費者余剰を計算すると，以下のように

消費者余剰＝{最大限支払っても良いと思う金額}－{実際に支払った金額}

$$= \left\{ \left(900+200\right) \times 700 \times \frac{1}{2} \right\} - \{200 \times 700\}$$

$$=245000$$

と求めることができる．また，消費者余剰の三角形をグラフから見つけることができれば，以下のように計算が簡単になる．

$$消費者余剰 = (900-200) \times 700 \times \frac{1}{2} = 245000$$

次に，生産者余剰を計算すると，

生産者余剰＝{収入}－{可変費用}

$$= \{200 \times 100\} - \left\{ \left(150+200\right) \times 100 \times \frac{1}{2} \right\}$$

$$=2500$$

と求めることができる．また，生産者余剰の三角形をグラフから見つけることができれば，以下のように計算が簡単になる．

$$生産者余剰 = (200-150) \times 100 \times \frac{1}{2} = 2500$$

これらを足し合わせた値を「社会的余剰」という．

社会的余剰＝消費者余剰＋生産者余剰
　　　　　＝245000＋2500
　　　　　＝247500

【ドリル 6.4】

以下の経済モデルに関して，自由貿易を行う時の国内需要量・国内供給量・輸入量を求め，需要関数と供給関数のグラフを描きなさい．ただし，座標軸は，タテ軸を P，ヨコ軸を D または S とする．さらに，自由貿易を行う時の消費者余剰，生産者余剰，社会的余剰を求め，自由貿易を行わない時の市場均衡に関する余剰分析の結果と比較しなさい．

(1) 市場均衡条件：（需要）＝（供給）
　　需要　　　：$D = -0.5P + 50$
　　供給　　　：$S = P - 10$
　　国際価格　：$P = 20$

(2) 市場均衡条件：（需要）＝（供給）
　　需要　　　：$D = -4P + 980$
　　供給　　　：$S = 6P - 120$
　　国際価格　：$P = 80$

(3) 市場均衡条件：（需要）＝（供給）
　　需要　　　：$D = -P + 14$
　　供給　　　：$S = 2P - 4$
　　国際価格　：$P = 4$

【ドリル6.4：解答】

(1) 自由貿易を行う時の国内需要量・国内供給量・輸入量は，国際価格 $P=20$ を，需要関数と供給関数にそれぞれ代入すると，求めることができる．

　　国内需要量：$D=40$，国内供給量：$S=10$

　　自由貿易を行う時，輸入量は $30(=40-10)$ である．

　グラフは以下のようになる（できなかった場合は，【ドリル5.6】(1)を復習すること）．

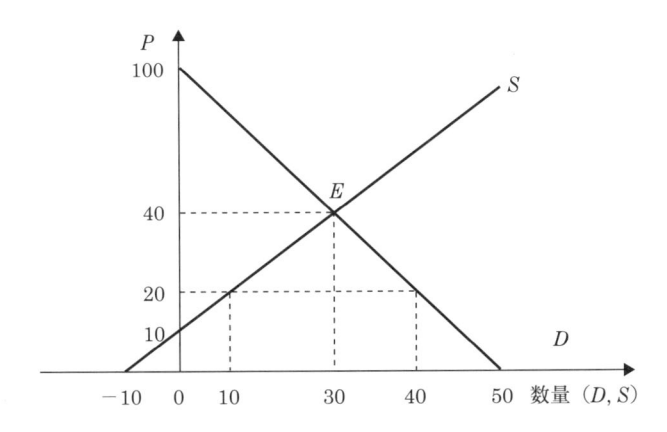

自由貿易を行う場合，

　消費者余剰 $=(100-20)\times 40\times \dfrac{1}{2}=1600$

　生産者余剰 $=(20-10)\times 10\times \dfrac{1}{2}=50$

　社会的余剰 $=1650$

自由貿易を行わない時の市場均衡の消費者余剰は 900，生産者余剰は 450，社会的余剰は 1350 なので，自由貿易を行うことで，消費者余剰は 700 の増加，生産者余剰は 400 の減少，社会的余剰は 300 の増加となる．

(2) 自由貿易を行う時の国内需要量・国内供給量・輸入量は，国際価格 $P=80$ を，需要関数と供給関数にそれぞれ代入すると，求めることができる．

　　国内需要量：$D=660$，国内供給量：$S=360$

　　自由貿易を行う時，輸入量は $300(=660-360)$ である．

グラフは以下のようになる（できなかった場合は，【ドリル5.6】(2)を復習すること）．

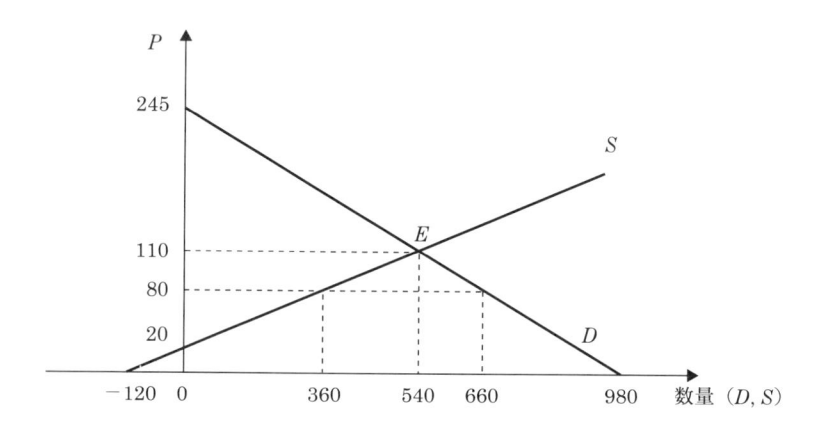

自由貿易を行う場合，

　　消費者余剰 $=(245-80)\times 660\times\dfrac{1}{2}=54450$

　　生産者余剰 $=(80-20)\times 360\times\dfrac{1}{2}=10800$

　　社会的余剰 $=65250$

自由貿易を行わない時の市場均衡の消費者余剰は36450，生産者余剰は24300，社会的余剰は60750なので，自由貿易を行うことで，消費者余剰は18000の増加，生産者余剰は13500の減少，社会的余剰は4500の増加となる．

(3) 自由貿易を行う時の国内需要量・国内供給量・輸入量は，国際価格 $P=4$ を，需要関数と供給関数にそれぞれ代入すると，求めることができる．

　　国内需要量：$D=10$，国内供給量：$S=4$

　自由貿易を行う時，輸入量は $6(=10-4)$ である．

グラフは以下のようになる（できなかった場合は，【ドリル5.6】(3)を復習すること）．

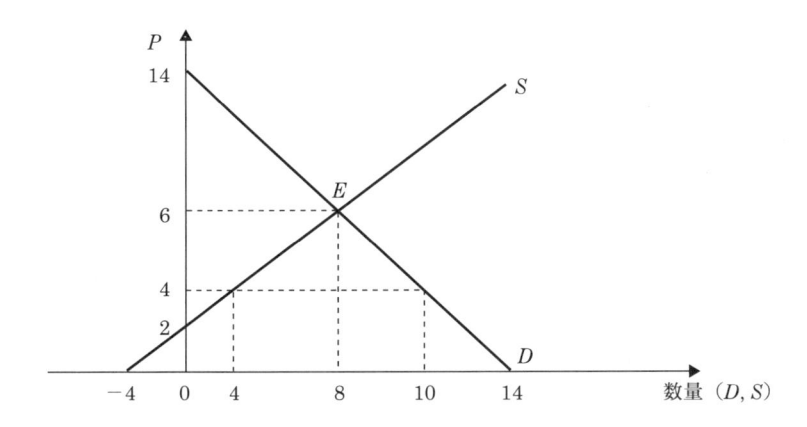

自由貿易を行う場合，

　消費者余剰 $=(14-4)\times 10\times \dfrac{1}{2}=50$

　生産者余剰 $=(4-2)\times 4\times \dfrac{1}{2}=4$

　社会的余剰 $=54$

自由貿易を行わない時の市場均衡の消費者余剰は32，生産者余剰は16，社会の余剰は48なので，自由貿易を行うことで，消費者余剰は18の増加，生産者余剰は12の減少，社会的余剰は6の増加となる．

第7章

消費者行動

1. 消費者の予算

　我々はお店でお買い物をする際は，自分の所持金以内で商品を購入する．ここでは，所持金（所得）を1000円とし，商品xと商品yとを購入する消費者の**予算制約**を考える．商品xの価格を50円，商品yの価格を100円，商品xの数量をx，商品yの数量をyとする．この消費者の**予算線**の式は，次式のように表記できる．

$$予算線の式：50x+100y=1000$$

　タテ軸切片のA点は商品yをまったく購入しないで，所得1000円で商品yだけを購入したら最大限どのくらい購入できるか，すなわち，商品yの最大購入可能量を表す点である．所得1000円を使って，100円の商品yは，

$$1000\div100=10 個\quad 買うことができる．$$

同様の議論より，ヨコ軸切片のB点は，商品xの最大購入可能量を表す点である．所得1000円を使って，50円の商品xは，

$$1000\div50=20 個\quad 買うことができる．$$

$50x+100y=1000$のグラフは，タテ軸切片とヨコ軸切片と結ぶと線分ABとなる．また，各商品の数量はプラスとなるので，$x\geq0$，$y\geq0$を条件とし，予算制約の式を求めると次式のようになる．

$$予算制約：50x+100y\leq1000$$

予算制約は太枠の三角形OABであり，この領域内の商品xと商品yの組合せであれば，消費者は2種類の商品の購入は可能である．

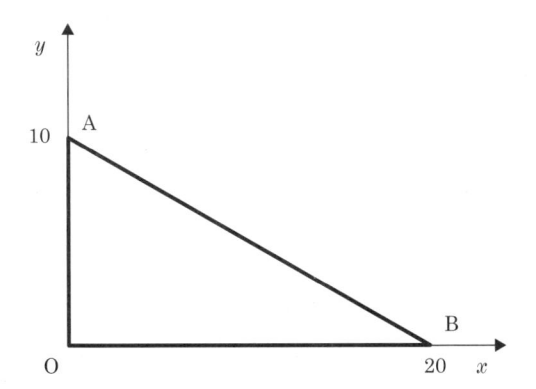

ここで，商品 x の価格は 20% 上昇したとする．その時の商品 x の価格は

$(1+0.2) \times 50$ 円 $= 60$ 円である．

価格変化後の予算線の式は，$60x+100y=1000$ である．この時，商品 x の最大購入可能量は，$\dfrac{1000}{60}=\dfrac{50}{3}$ となり，変化前に比べて減少する．

また，商品 x の価格は 20% 下落したとする．その時の商品 x の価格は

$(1-0.2) \times 50$ 円 $= 40$ 円である．

価格変化後の予算線の式は，$40x+100y=1000$ である．この時，商品 x の最大購入可能量は，$\dfrac{1000}{40}=25$ となり，変化前に比べて増加する．

それぞれのグラフを描くと以下のようになり，商品 x の価格が上昇する時は A 点を中心として左へ，価格が下落する時は A を中心として右へ回転する．

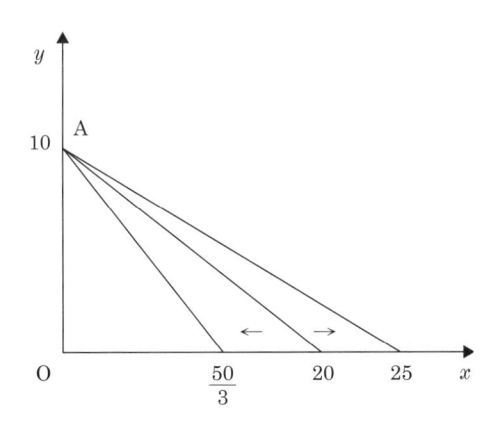

【ドリル 7.1】

以下のように，消費者の所得と 2 種類の商品 (x, y) の価格を与えるときの予算線の式と商品 x の価格が 10% 上昇した時の予算線の式についても答えなさい．また，各予算線の式に相当するグラフを描きなさい．ただし，商品 x の数量を x，商品 y の数量を y とする．

(1) 消費者の所得：2000　商品 x の価格：200，商品 y の価格：200
(2) 消費者の所得：5000　商品 x の価格：150，商品 y の価格：300
(3) 消費者の所得：6000　商品 x の価格：500，商品 y の価格：400
(4) 消費者の所得：3000　商品 x の価格：80，　商品 y の価格：100
(5) 消費者の所得：4200　商品 x の価格：120，商品 y の価格：150

第 7 章　消費者行動　197

【ドリル 7.1：解答】

(1)　消費者の所得：2000　商品 x の価格：200，商品 y の価格：200 なので，

　　　予算線の式：$200x+200y=2000$

　商品 x の価格が 10% 上昇した時

　　　商品 x の価格は $(1+0.1)\times 200=220$ となる

　　　予算線の式：$220x+200y=2000$

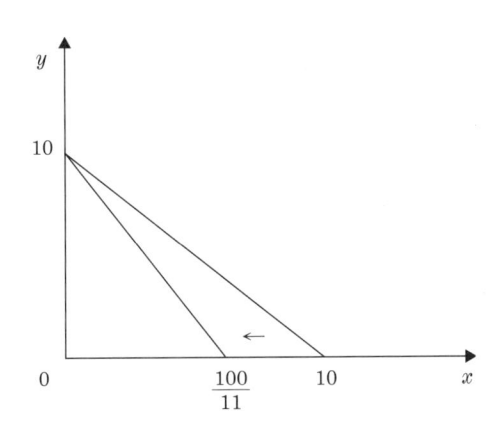

(2)　消費者の所得：5000　商品 x の価格：150，商品 y の価格：300 なので，

　　　予算線の式：$150x+300y=5000$

　商品 x の価格が 10% 上昇した時

　　　商品 x の価格は $(1+0.1)\times 150=165$ となる

　　　予算線の式：$165x+300y=5000$

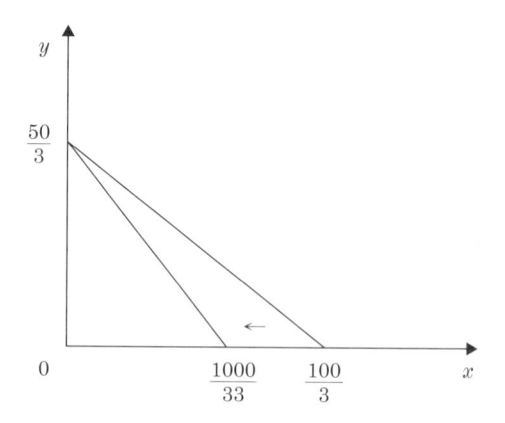

198　第Ⅱ部　ミクロ経済学の基礎

(3)　消費者の所得：6000　商品 x の価格：500，商品 y の価格：400 なので，
　　予算線の式：$500x + 400y = 6000$
　商品 x の価格が 10% 上昇した時
　　商品 x の価格は $(1+0.1) \times 500 = 550$ となる
　　予算線の式：$550x + 400y = 6000$

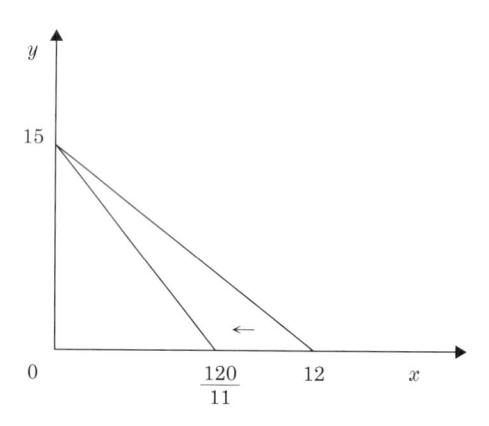

第 7 章　消費者行動　199

(4)　消費者の所得：3000　商品 x の価格：80,　商品 y の価格：100 なので,
　　　予算線の式：$80x+100y=3000$
　　商品 x の価格が 10% 上昇した時
　　　商品 x の価格は（1＋0.1）×80＝88 となる
　　　予算線の式：$88x+100y=3000$

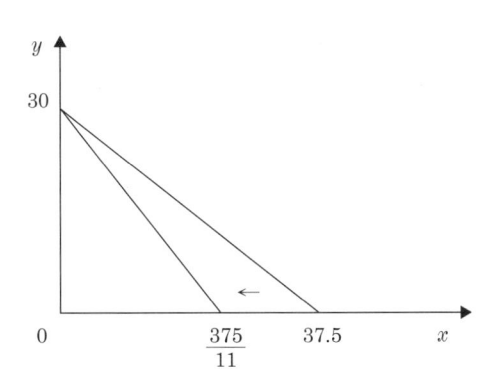

```
    y
    |
  30|
    |\
    | \
    |  \
    |   \
    |    \  ←
    |_____ x
    0   375/11  37.5
```

(5)　消費者の所得：4200　商品 x の価格：120,　商品 y の価格：150 なので,
　　　予算線の式：$120x+150y=4200$
　　商品 x の価格が 10% 上昇した時
　　　商品 x の価格は（1＋0.1）×120＝132 となる
　　　予算線の式：$132x+150y=4200$

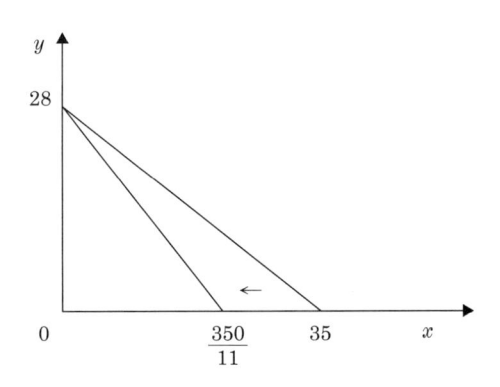

```
    y
    |
  28|
    |\
    | \
    |  \
    |   \
    |    \  ←
    |_____ x
    0   350/11  35
```

[補講] 所得が変化した時の予算線のシフトについて

所得を 1000 円とし，商品 x と商品 y とを購入する消費者の予算制約を考える．商品 x の価格を 50 円，商品 y の価格を 100 円，商品 x の数量を x，商品 y の数量を y とする．この消費者の予算線の式は，すでに学習したが，次式のように表記できる．

予算線の式：$50x+100y=1000$
タテ軸切片：$1000÷100=10$
ヨコ軸切片：$1000÷50=20$

所得が 1500 円に増加した時，予算線の式は，

予算線の式：$50x+100y=1500$
タテ軸切片：$1500÷100=15$
ヨコ軸切片：$1500÷50=30$

所得が 500 円に減少した時，予算線の式は，

予算線の式：$50x+100y=500$
タテ軸切片：$500÷100=5$
ヨコ軸切片：$500÷50=10$

それぞれの予算線を描くと以下のようになり，所得の増加により，予算線は右上方へ平行にシフトし，所得の減少により，予算線は左下方へ平行にシフトする．

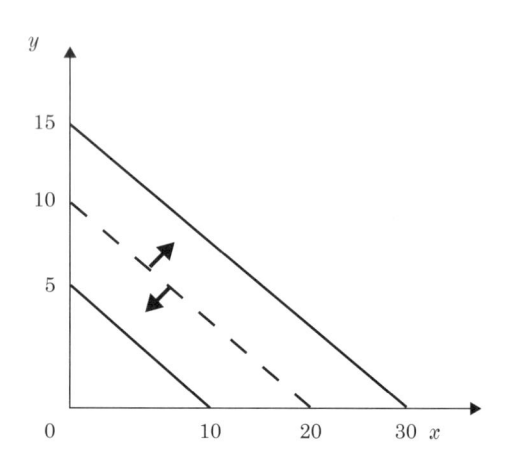

2. 消費者の効用

(1) 効用

我々は，商品やサービスを消費することで満足感を得ることができる．経済学では満足感のことを，**効用**（utility）と呼ぶ．効用関数とは，財の消費量と消費者の効用の大きさとの関係を表している．したがって，効用関数は以下の式で表現することができる．

$U = 150\sqrt{x}$　　U：消費者の効用水準

x：商品Aの消費量

この効用関数が与えられている時，消費量と効用水準との関係は以下のように示すことができる．

$x=1$ の時，$U = 150 \times \sqrt{1} = 150 \times 1 = 150$

$x=2$ の時，$U = 150 \times \sqrt{2} = 150 \times 1.41 = 211.5$

$x=3$ の時，$U = 150 \times \sqrt{3} = 150 \times 1.73 = 259.5$

$x=4$ の時，$U = 150 \times \sqrt{4} = 150 \times 2 = 300$

これらの値を用いて，座標軸上にグラフを描く．タテ軸を U，ヨコ軸を x とすると，$U=150\sqrt{x}$ のグラフは以下のように描くことができる．

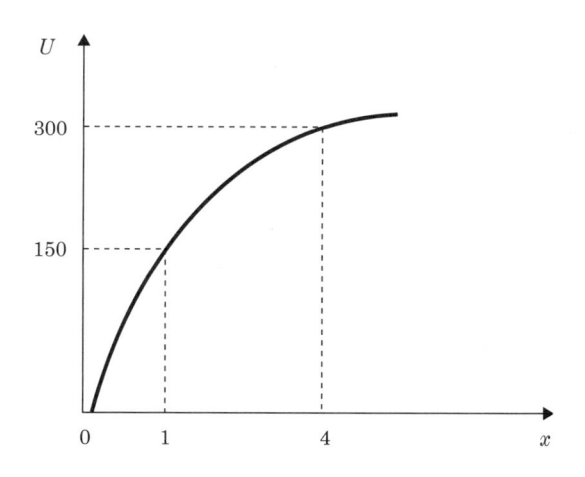

消費量を 0 から 1 に増やした時，効用水準の変化分は 150，1 から 2 に増やした時は 61.5，2 から 3 に増やした時は 48，3 から 4 に増やした時は 40.5 である．このように，新たに消費量を 1 個増やした時の効用の増え方を「**限界効用（Marginal Utility）**」という．限界効用関数をグラフで描くと以下のようになる．第 6 章で学習した限界評価関数や限界費用関数のグラフと同様に考えれば，以下のように描くことができる．しかし，今回は減り方が一定ではないので，グラフの形状がなめらかな曲線となる．

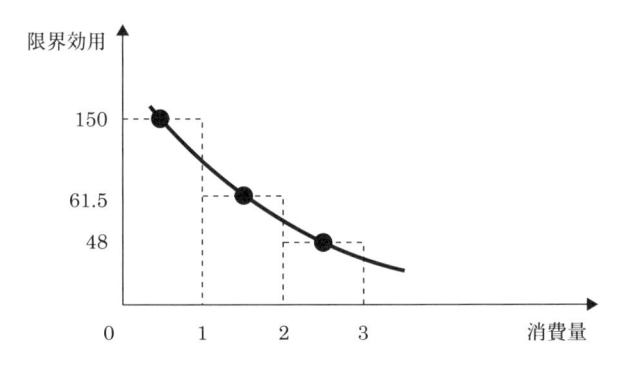

【ドリル 7.2】

以下のような，商品 x を消費した時の消費者の効用関数が与えられている．以下の表を埋めて，効用関数のグラフを描きなさい．座標軸に関しては，タテ軸を U，ヨコ軸を x とする．なお，$\sqrt{\ }$ の値については，$\sqrt{2}=1.41$，$\sqrt{3}=1.73$，$\sqrt{6}=2.44$ とする．

(1) 効用関数：$U=100\sqrt{x}$
(2) 効用関数：$U=100\sqrt{2x}$
(3) 効用関数：$U=100x$
(4) 効用関数：$U=100x^2$

x	1	2	3	4
U				

【ドリル7.2：解答】

(1)

x	1	2	3	4
U	100	141	173	200

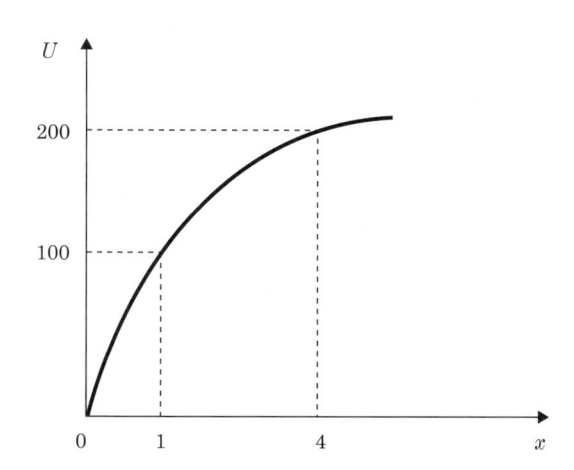

(2)

x	1	2	3	4
U	141	200	244	282

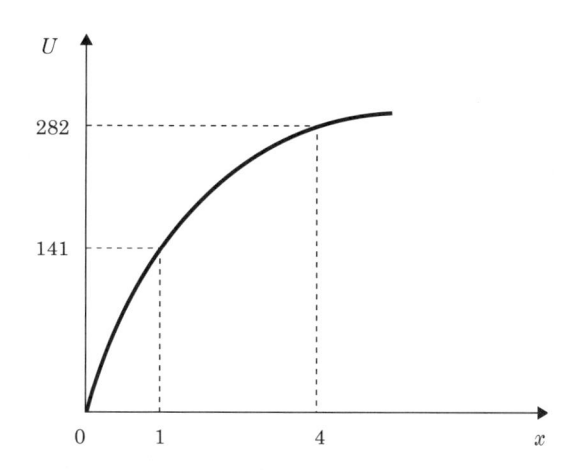

(3)

x	1	2	3	4
U	100	200	300	400

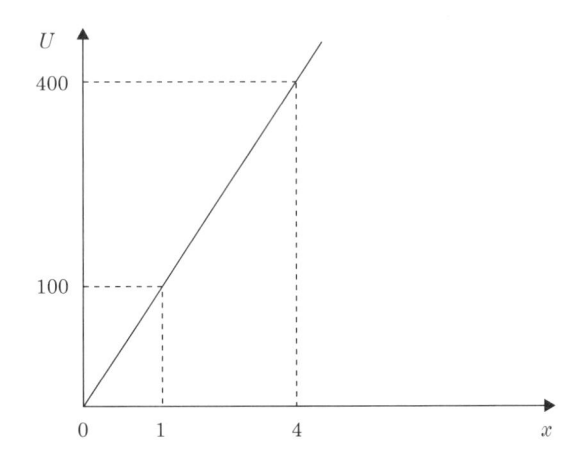

(4)

x	1	2	3	4
U	100	400	900	1600

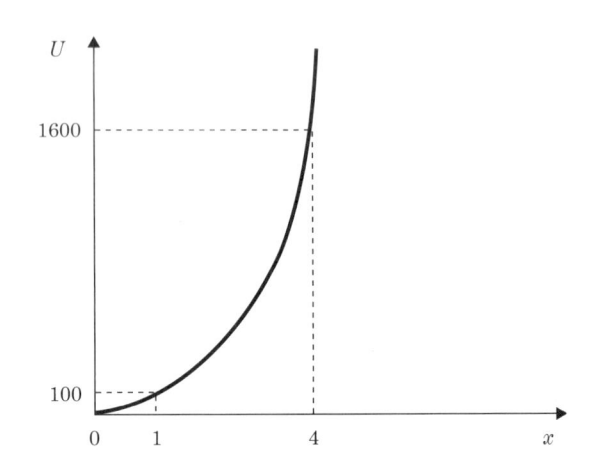

（2） 無差別曲線

無差別曲線とは，消費者に同じ満足感をもたらす2種類の商品に関する消費量の組合せに関する軌跡のことである．

以下のように効用関数が与えられ，効用水準 $U=144$，$U=196$ とし，各効用水準をもたらす2種類の商品の消費量の値に関する比較をする．

$U=xy$　　U：消費者の効用水準

x：商品 x の消費量

y：商品 y の消費量

効用水準 $U=144$ の時，　　　効用水準 $U=196$ の時，

$144=xy$　　　　　　　　　　$196=xy$

$y=\dfrac{144}{x}$　　　　　　　　　　$y=\dfrac{196}{x}$

商品 x の消費量と商品 y の消費量との関係は以下のようになる．

$x=1$ の時，$y=\dfrac{144}{1}=144$　　　$y=\dfrac{196}{1}=196$

$x=2$ の時，$y=\dfrac{144}{2}=72$　　　$y=\dfrac{196}{2}=98$

$x=3$ の時，$y=\dfrac{144}{3}=48$　　　$y=\dfrac{196}{3}=65.3\cdots$

$x=4$ の時，$y=\dfrac{144}{4}=36$　　　$y=\dfrac{196}{4}=49$

これらの値を用いて，座標軸上にグラフを描く．タテ軸を y，ヨコ軸を x とすると，$U=xy$ のグラフは次のページのように描くことができる．

206　第Ⅱ部　ミクロ経済学の基礎

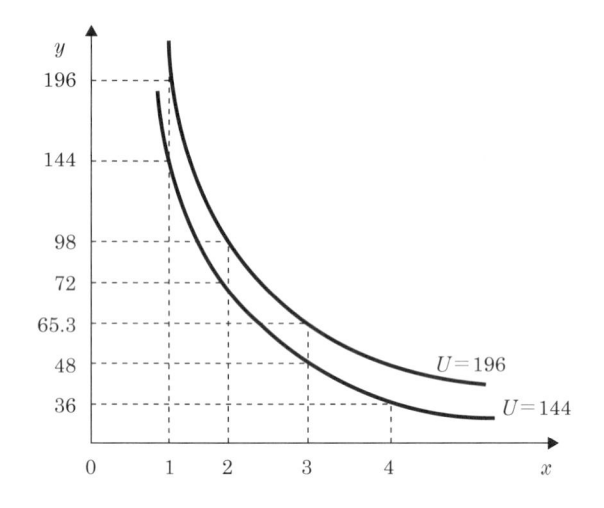

ここで導出した無差別曲線の特徴は，以下の4点である．

(1) 右下がり
(2) 交わらない
(3) 右上方に位置する無差別曲線ほどより効用が高い．
(4) 原点に対して凸

【ドリル7.3】

効用関数を$U=xy$とする．(1)から(3)の効用水準を与えた時の商品xの消費量と商品yの消費量に関する以下の表を埋めて，無差別曲線のグラフを描きなさい．座標軸に関しては，タテ軸をy，ヨコ軸をxとする．

(1) 効用水準：$U=64$
(2) 効用関数：$U=81$
(3) 効用関数：$U=256$
(4) 効用関数：$U=324$

x	1	2	3	4
y				

【ドリル 7.3：解答】

(1) 効用水準：$U=64$ を $U=xy$ に代入して整理すると，$y=\dfrac{64}{x}$

x	1	2	3	4
y	64	32	21.3	16

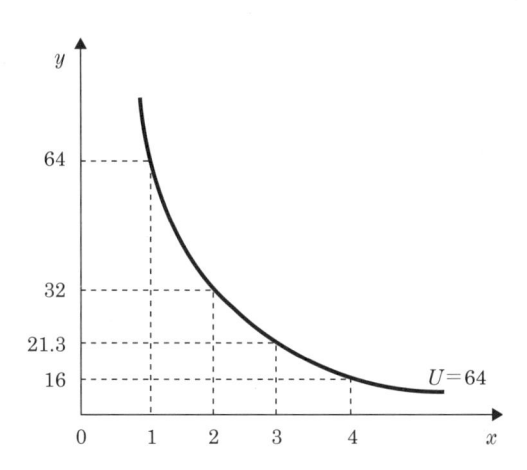

(2) 効用関数：$U=81$ を $U=xy$ に代入して整理すると，$y=\dfrac{81}{x}$

x	1	2	3	4
y	81	40.5	27	20.25

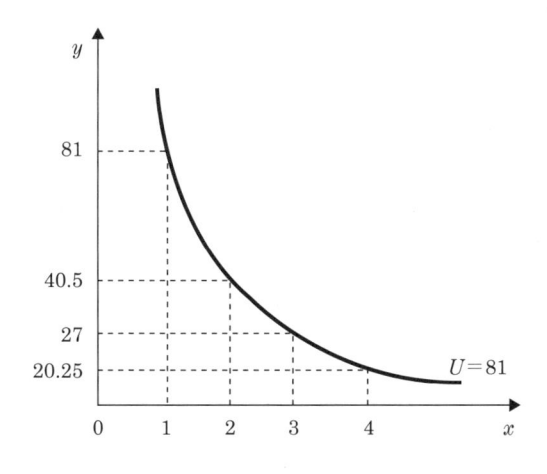

(3) 効用関数：$U=256$ を $U=xy$ に代入して整理すると，$y=\dfrac{256}{x}$

x	1	2	3	4
y	256	128	85.3	64

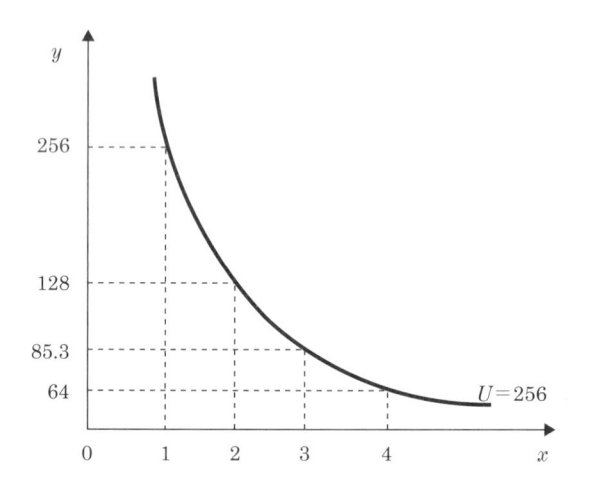

(4) 効用関数：$U=324$ を $U=xy$ に代入して整理すると，$y=\dfrac{324}{x}$

x	1	2	3	4
y	324	162	108	81

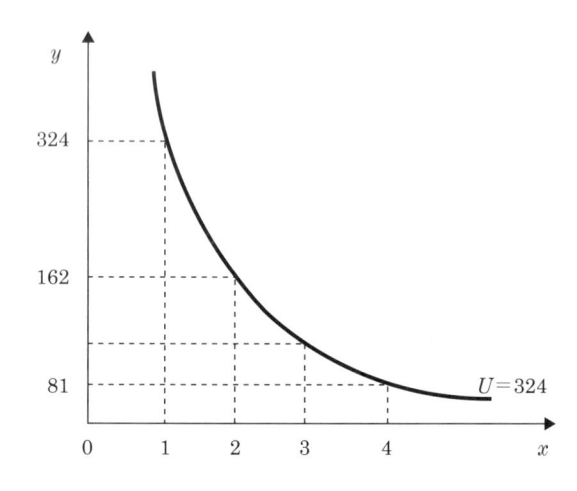

（3） 消費者の効用最大化

消費者に関する情報として以下の式が与えられている．

　　　　効用関数　　$U = x^\alpha y^\beta$

　　　　予算線の式　　$P_x x + P_y y = M$

　　　$x：x$ 財の消費量　　　$y：y$ 財の消費量

　　　P_x：商品 x の価格　　P_y：商品 y の価格　　　M：所得

この効用関数の x, y に上付き添字の α, β が，それぞれ，x 財に関する好みの程度，y 財に関する好みの程度を表している．また，予算線の式から，所得 M をすべて使って商品 x を最大限買うことができる個数は $\dfrac{M}{P_x}$，同様にして商品 y を最大限買うことができる個数は $\dfrac{M}{P_y}$ と求めることができる．

例えば，A さんに関する効用関数が $U = x^{\frac{1}{3}} y^{\frac{2}{3}}$ であれば，$\dfrac{1}{3}$ が商品 x に関する消費者の好みの程度を，$\dfrac{2}{3}$ が商品 y に関する消費者の好みの程度をそれぞれ表している．また，予算線の式が $50x + 100y = 1200$ の時，所得 1200 円をすべて使って商品 x を最大限買うことができる個数は $\dfrac{1200}{50} = 24$，同様にして商品 y を最大限買うことができる個数は $\dfrac{1200}{100} = 12$ と求めることができる．

消費者の**効用最大化**を実現する 2 種類の商品の消費量は，各商品の好みの程度を示す α, β と各商品の最大購入可能量とを用いて以下のように計算することができる．

　　　　商品 x の消費量：$x = \dfrac{\alpha}{\alpha + \beta} \times \dfrac{M}{P_x}$

　　　　商品 y の消費量：$y = \dfrac{\beta}{\alpha + \beta} \times \dfrac{M}{P_y}$

効用最大化を実現するような消費水準を座標軸上に描くと，次のページのようになる．効用最大化を実現する消費水準は，無差別曲線と予算線とが接する点（E）で決まり，予算線のグラフの各軸の切片は各商品の最大購入可能量となる．

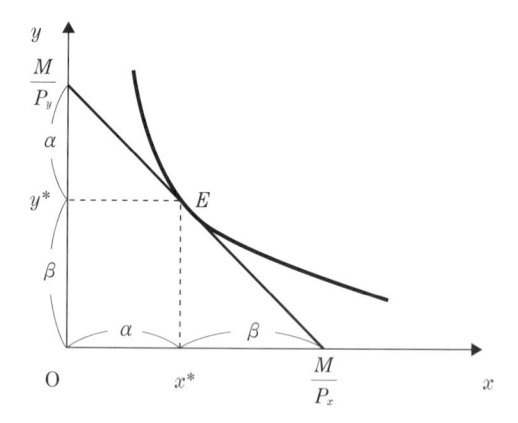

例えば，Aさんの効用関数が $U=x^{\frac{1}{3}}y^{\frac{2}{3}}$，予算線の式が $50x+100y=1200$ の時，Aさんが効用最大化を実現するような商品 x，商品 y の消費量は，

$$商品\,x\,の消費量：x^*=\frac{\alpha}{\alpha+\beta}\times\frac{M}{P_x}=\frac{\frac{1}{3}}{\frac{1}{3}+\frac{2}{3}}\times 24=8$$

$$商品\,y\,の消費量：y^*=\frac{\beta}{\alpha+\beta}\times\frac{M}{P_y}=\frac{\frac{2}{3}}{\frac{1}{3}+\frac{2}{3}}\times 12=8$$

と求めることができる．グラフを描くと以下のようになる．

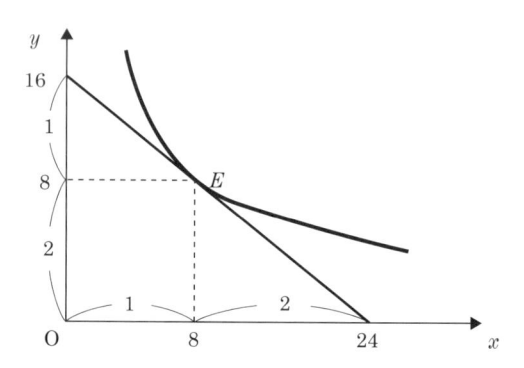

効用最大化問題の公式

効用関数　$U = x^\alpha y^\beta$

予算線の式　$P_x x + P_y y = M$

x：x 財の消費量　　y：y 財の消費量

P_x：商品 x の価格　　P_y：商品 y の価格　　M：所得

消費者の効用最大化を実現する2種類の商品の消費量は，以下の公式で求めることができる．

商品 x の最適消費量：$x = \dfrac{\alpha}{\alpha + \beta} \times \dfrac{M}{P_x}$

商品 y の最適消費量：$y = \dfrac{\beta}{\alpha + \beta} \times \dfrac{M}{P_y}$

【ドリル7.4】

以下のような効用関数と予算線の式を与えるとき，効用最大化を実現するような商品 x を商品 y の消費量を計算しなさい．また，効用最大化を実現する点 (E) を明示するように，グラフを作成しなさい．

(1)　効用関数：$U = xy^2$
　　　予算線の式：$200x + 200y = 4200$

(2)　効用関数：$U = x^2 y$
　　　予算線の式：$150x + 300y = 6300$

(3)　効用関数：$U = xy$
　　　予算線の式：$150x + 300y = 5400$

(4)　効用関数：$U = xy$
　　　予算線の式：$80x + 160y = 3200$

【ドリル 7.4：解答】

(1)

$$商品 x の消費量：x = \frac{\alpha}{\alpha+\beta} \times \frac{M}{P_x} = \frac{1}{1+2} \times \frac{4200}{200} = 7$$

$$商品 y の消費量：y = \frac{\beta}{\alpha+\beta} \times \frac{M}{P_y} = \frac{2}{1+2} \times \frac{4200}{200} = 14$$

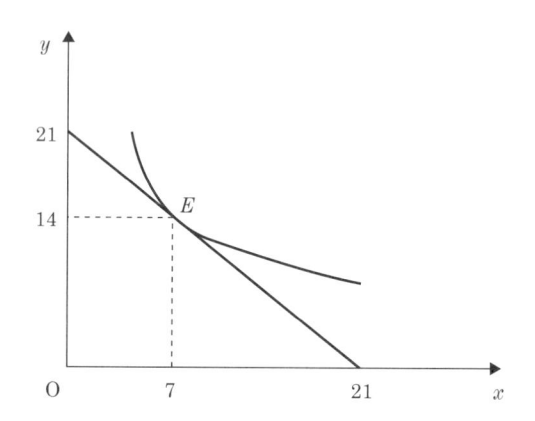

(2)

$$商品 x の消費量：x = \frac{\alpha}{\alpha+\beta} \times \frac{M}{P_x} = \frac{2}{2+1} \times \frac{6300}{150} = 42$$

$$商品 y の消費量：y = \frac{\beta}{\alpha+\beta} \times \frac{M}{P_y} = \frac{1}{2+1} \times \frac{6300}{300} = 7$$

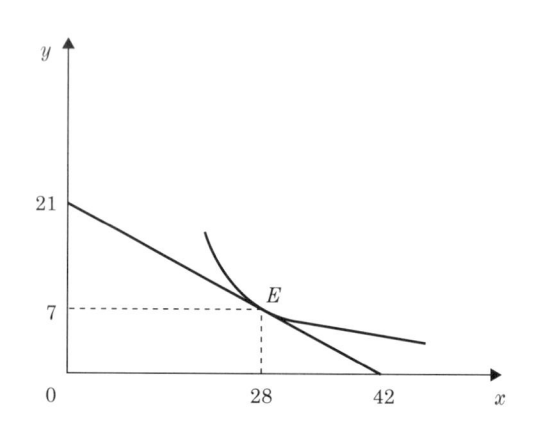

(3)

商品 x の消費量：$x = \dfrac{\alpha}{\alpha+\beta} \times \dfrac{M}{P_x} = \dfrac{1}{1+1} \times \dfrac{5400}{150} = 18$

商品 y の消費量：$y = \dfrac{\beta}{\alpha+\beta} \times \dfrac{M}{P_y} = \dfrac{1}{1+1} \times \dfrac{5400}{300} = 9$

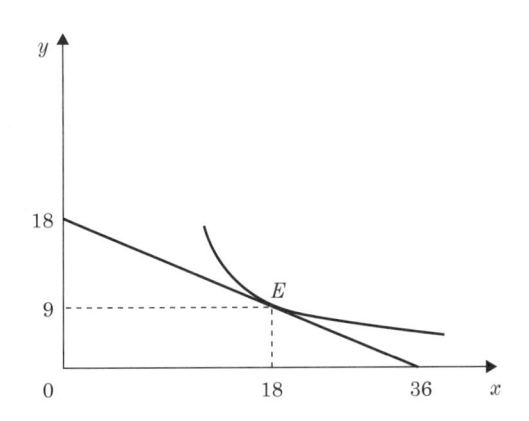

(4)

商品 x の消費量：$x = \dfrac{\alpha}{\alpha+\beta} \times \dfrac{M}{P_x} = \dfrac{1}{1+1} \times \dfrac{3200}{80} = 20$

商品 y の消費量：$y = \dfrac{\beta}{\alpha+\beta} \times \dfrac{M}{P_y} = \dfrac{1}{1+1} \times \dfrac{3200}{160} = 10$

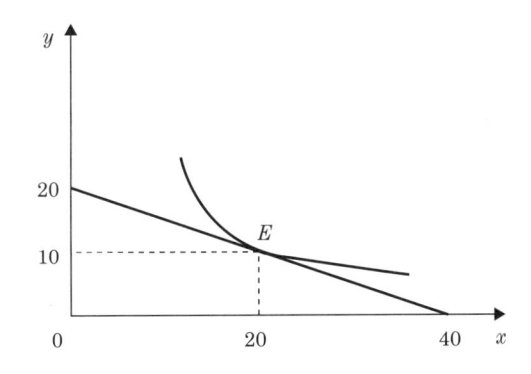

第8章

企業行動

1. 企業の収入

　収入（Revenue）とは企業が商品を消費者へ売ることで得られる金額で，販売価格に生産量をかけた値である．

$$収入＝価格×生産量$$

価格を50円として，企業が商品を販売すると，生産量と収入との関係は以下のように示すことができる．生産量をx，収入をRとする．

　　　$x=0$ の時，$R=50×0=0$
　　　$x=1$ の時，$R=50×1=50$
　　　$x=2$ の時，$R=50×2=100$
　　　$x=3$ の時，$R=50×3=150$

タテ軸をR，ヨコ軸をxとし，これらの数値を座標軸にとり，直線で結ぶと，以下のような**収入関数**のグラフを描くことができる．

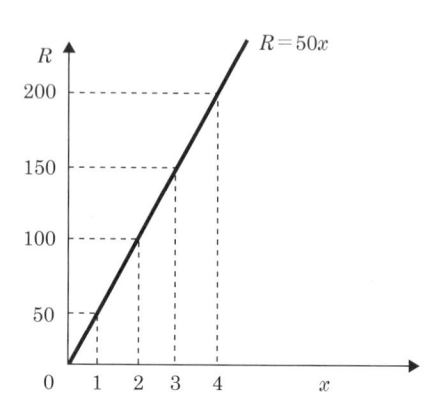

この時の収入関数は，$R=50x$ となる．この関数の傾きは50であり，原点から出発する．また，生産量が1つずつ増えると，収入が50円ずつ増えていく．この50円を**限界収入**という．

【ドリル8.1】

(1)から(4)の収入関数について，表の空欄を埋め，タテ軸を R，ヨコ軸を x として，グラフを描きなさい．

(1) 収入関数：$R=105x$
(2) 収入関数：$R=157x$
(3) 収入関数：$R=189x$
(4) 収入関数：$R=210x$

x	0	1	2	3	4
R					

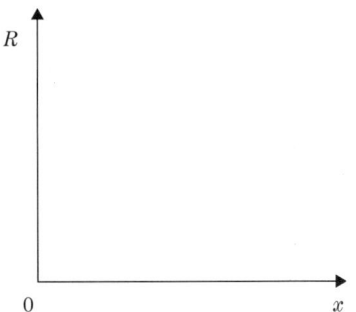

216　第Ⅱ部　ミクロ経済学の基礎

【ドリル8.1：解答】

(1) 収入関数：$R = 105x$

x	0	1	2	3	4
R	0	105	210	315	420

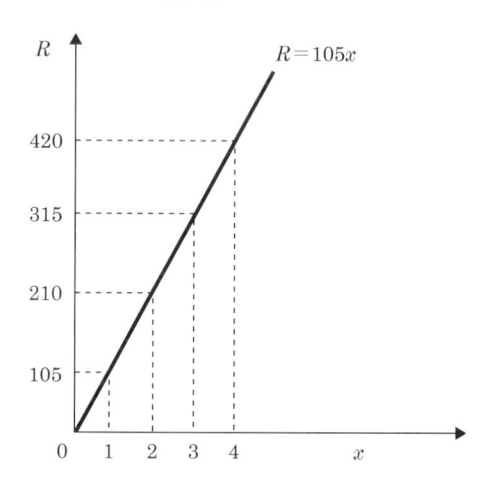

(2) 収入関数：$R = 157x$

x	0	1	2	3	4
R	0	157	314	471	628

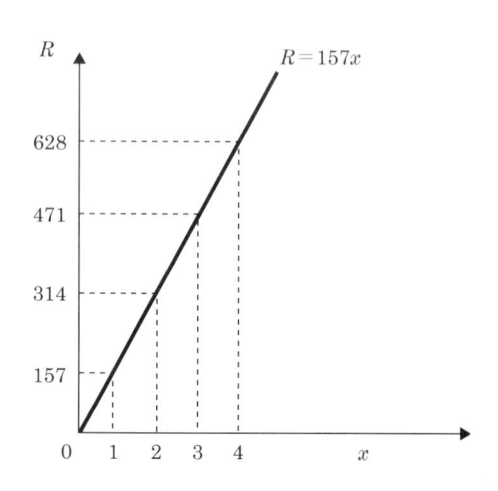

(3) 収入関数：$R = 189x$

x	0	1	2	3	4
R	0	189	378	567	756

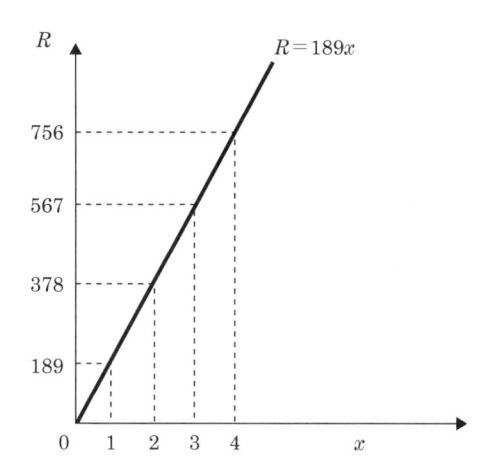

(4) 収入関数：$R = 210x$

x	0	1	2	3	4
R	0	210	420	630	840

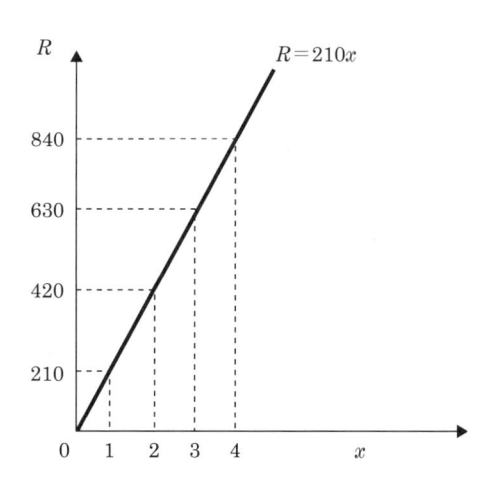

2. 企業の費用

企業が商品を作ることで費用がかかる．生産量と費用との関係を総費用関数と呼ぶ．**総費用**は固定費用と可変費用の合計である．**固定費用**とは生産量の大きさと独立してかかる費用のことで，機械設備，テナント料等に相当する．可変費用とは生産量の大きさに依存する費用であり，原材料費や人件費等がこれに該当する．

はじめに，固定費用FCについて説明する．例えば，$FC=200$とする．この時の生産量と固定費用との関係は以下のように示される．

　　　生産量$x=0$の時，固定費用は$FC=200$
　　　生産量$x=1$の時，固定費用は$FC=200$
　　　生産量$x=2$の時，固定費用は$FC=200$
　　　生産量$x=3$の時，固定費用は$FC=200$
　　　生産量$x=4$の時，固定費用は$FC=200$

このように，固定費用は生産量が増えても固定費用は変化しないのである．

ヨコ軸に生産量を，タテ軸に費用をとり，固定費用関数$FC=200$のグラフを描くと，以下のようになる．

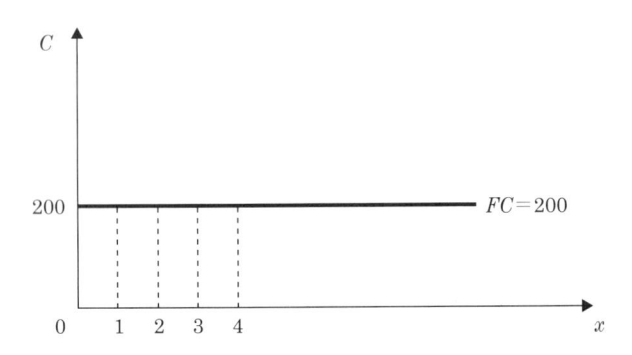

次に可変費用（VC）について，説明する．例えば，$VC=2x$とする．この時の生産量と可変費用との関係は次のように示される．

生産量 $x=0$ の時，可変費用は $VC=0$
　生産量 $x=1$ の時，可変費用は $VC=2$
　生産量 $x=2$ の時，可変費用は $VC=4$
　生産量 $x=3$ の時，可変費用は $VC=6$
　生産量 $x=4$ の時，可変費用は $VC=8$
このように，可変費用は生産量に依存して増えていく．

　ヨコ軸に生産量を，タテ軸に可変費用をとり，可変費用関数のグラフを描くと，以下のようになる．

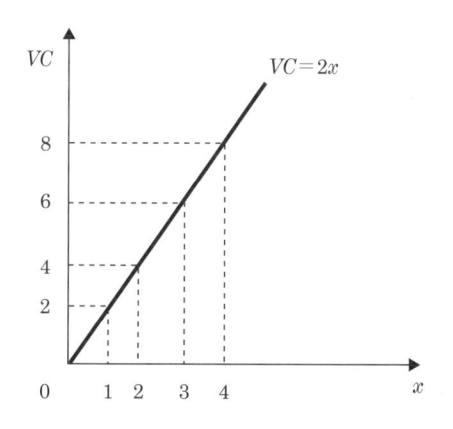

　最後に，総費用関数 C について説明する．先述したとおり，総費用とは，固定費用と可変費用とを足し合わせた値である．したがって，これまでの例を使えば，

　　総費用関数：$C=VC+FC$
　　　　　　　　$C=2x+200$

となる．生産量と総費用との関係は以下のとおりである．

　生産量 $x=0$ の時，総費用は $C=200$
　生産量 $x=1$ の時，総費用は $C=202$
　生産量 $x=2$ の時，総費用は $C=204$
　生産量 $x=3$ の時，総費用は $C=206$
　生産量 $x=4$ の時，総費用は $C=208$

このように，総費用も，可変費用と同様に生産量に依存して増えていく．しかし，総費用には固定費用も含まれるため，生産量が0でも費用が生じる．

ヨコ軸に生産量を，タテ軸に総費用をとり，総費用関数 $C=2x+200$ のグラフを描くと，以下のようになる．

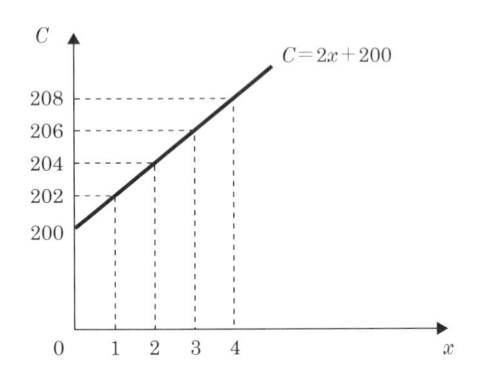

生産量	総費用	可変費用	固定費用
0	200	0	200
1	202	2	200
2	204	4	200
3	206	6	200
4	208	8	200

【ドリル 8.2】

以下の総費用関数について，表の空欄を埋めて，総費用関数のグラフを描きなさい．タテ軸を C，ヨコ軸を x とする．

(1) $C = 4x + 200$
(2) $C = 2x^2 + 50$

生産量	総費用	可変費用	固定費用
0			
1			
2			
3			
4			
5			
6			
7			
8			

【ドリル8.2：解答】

(1) $C = 4x + 200$

生産量	総費用	可変費用	固定費用
0	200	0	200
1	204	4	200
2	208	8	200
3	212	12	200
4	216	16	200
5	220	20	200
6	224	24	200
7	228	28	200
8	232	32	200

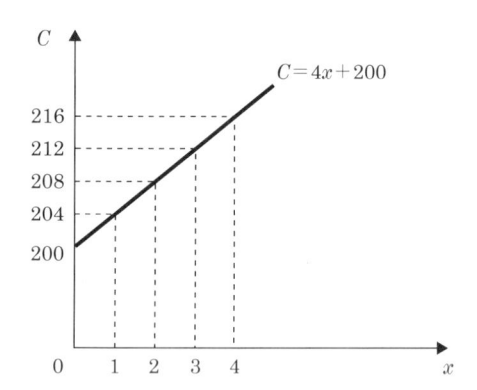

(2) $C = 2x^2 + 50$

生産量	総費用	可変費用	固定費用
0	50	0	50
1	52	2	50
2	58	8	50
3	68	18	50
4	82	32	50
5	100	50	50
6	122	72	50
7	148	98	50
8	178	128	50

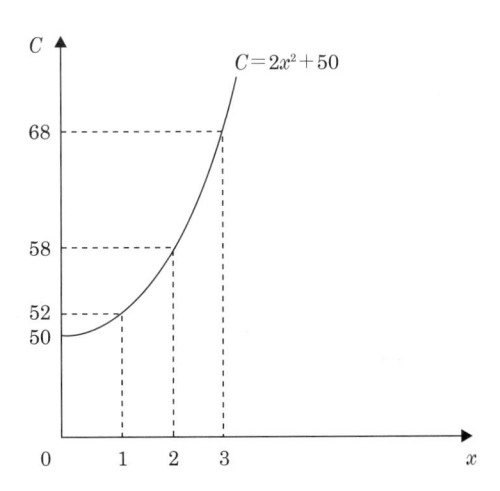

3. 平均費用と限界費用

ここでは，費用の概念として，平均費用と限界費用を取り上げることにする．はじめに，**平均費用**（Average Cost；AC）とは生産量1単位あたりの費用であり，総費用を生産量で割った値である．

$$AC = \frac{C}{x}$$

前節で用いた総費用関数：$C = 2x + 200$ で説明すれば，平均費用は，

$$AC = \frac{2x + 200}{x} \text{ となる．}$$

生産量と平均費用との関係は以下のとおりである．

生産量 $x = 1$ の時，総費用は $C = 202$ なので，平均費用は $AC = \dfrac{202}{1} = 202$

生産量 $x = 2$ の時，総費用は $C = 204$ なので，平均費用は $AC = \dfrac{204}{2} = 102$

生産量 $x = 3$ の時，総費用は $C = 206$ なので，平均費用は $AC = \dfrac{206}{3} = 68.6$

生産量 $x = 4$ の時，総費用は $C = 208$ なので，平均費用は $AC = \dfrac{208}{4} = 52$

この場合の平均費用は，生産量の増加に伴い減っていく．

ヨコ軸に生産量を，タテ軸に平均費用をとり，平均費用関数のグラフを描く．

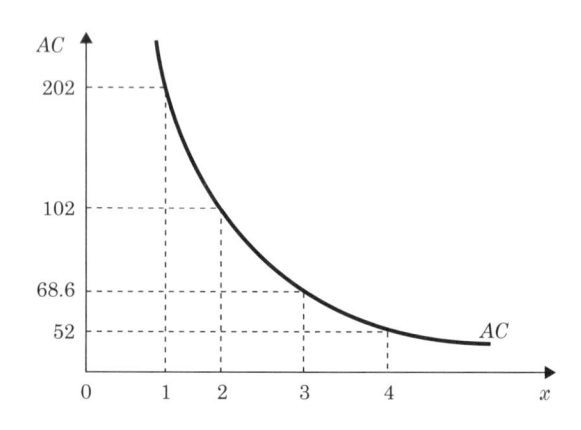

次に，限界費用（Marginal Cost; MC）についてであるが，これは生産量の新たな1単位増加にかかる費用の追加分のことである．限界費用は，すでに第5章で学習してある．ここでは，総費用関数から限界費用関数を求めてみよう．

総費用関数が $C=2x+200$ なので，生産量が1個増えるごとに2ずつ費用がかかる．したがって，この総費用関数の場合，限界費用は2であり，一定である．

ヨコ軸に生産量を，タテ軸に限界費用をとり，限界費用関数 $MC=2$ のグラフを描くと，以下のようになる．

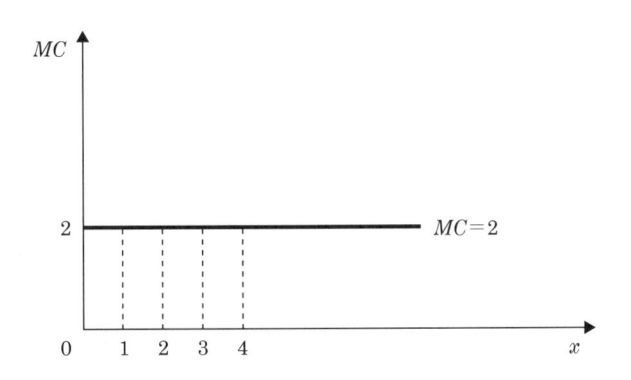

費用の公式

総費用 (C) ＝可変費用 (VC) ＋固定費用 (FC)

$$\text{平均費用} = \frac{\text{総費用}\,(C)}{\text{生産量}\,(x)}$$

$$= \frac{\text{可変費用}\,(VC) + \text{固定費用}\,(FC)}{\text{生産量}\,(x)}$$

$$\text{限界費用} = \frac{\text{総費用の変化分}\,(\Delta C)}{\text{生産量の変化分}\,(\Delta x)}$$

※可変費用を生産量で割った値を平均可変費用，固定費用を生産量で割った値を平均固定費用という．

【ドリル8.3】

以下の総費用関数について，表の空欄を埋めて，平均費用関数と限界費用関数のグラフを描きなさい．タテ軸を AC または MC，ヨコ軸を x とする．

(1) $C = 4x + 200$

生産量	総費用	可変費用	限界費用	平均費用	固定費用
0	200	0	—	—	200
1	204	4			200
2	208	8			200
3	212	12			200
4	216	16			200
5	220	20			200
6	224	24			200
7	228	28			200
8	232	32			200

(2) $C = 2x^2 + 50$

生産量	総費用	可変費用	限界費用	平均費用	固定費用
0	50	0	—	—	50
1	52	2			50
2	58	8			50
3	68	18			50
4	82	32			50
5	100	50			50
6	122	72			50
7	148	98			50
8	178	128			50

【ドリル8.3:解答】

(1) $C = 4x + 200$

生産量	総費用	可変費用	限界費用	平均費用	固定費用
0	200	0	—	—	200
1	204	4	4	204	200
2	208	8	4	104	200
3	212	12	4	70.6	200
4	216	16	4	54	200
5	220	20	4	44	200
6	224	24	4	37.3	200
7	228	28	4	32.5	200
8	232	32	4	29	200

平均費用:$AC = \dfrac{4x+200}{x}$, 限界費用:$MC = 4$

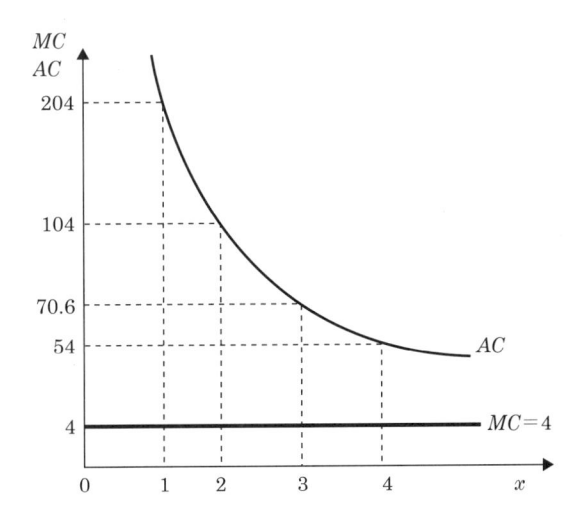

(2)　$C = 2x^2 + 50$

生産量	総費用	可変費用	限界費用	平均費用	固定費用
0	50	0	—	—	50
1	52	2	2	52	50
2	58	8	6	29	50
3	68	18	10	22.6	50
4	82	32	14	20.5	50
5	100	50	18	20	50
6	122	72	22	20.3	50
7	148	98	26	21.1	50
8	178	128	30	22.2	50

平均費用：$AC = \dfrac{2x^2 + 50}{x} = 2x + \dfrac{50}{x}$，限界費用：$MC = 4x$

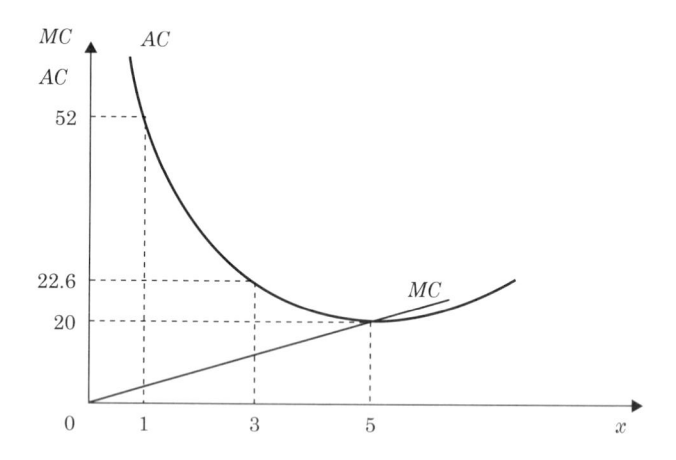

[補講]　限界費用の合計が，可変費用になっていることを確認しよう．

　第6章で学習した内容であるが，【ドリル8.3】の問題でもこの内容を確認することができる．(1)では，生産量3の時の可変費用が12になっているが，これは，3個生産するまでに限界費用4が3回発生しており，その合計12（＝4＋4＋4）に相当する．また，(2)では，生産量3の時の可変費用が18になっているが，これは，3個生産するまでに限界費用が2, 6, 10と発生しており，その合計18（＝2＋6＋10）に相当する．

4. 企業の利潤最大化

利潤とは，収入から費用を差し引いた値である．企業は利潤をできるだけ大きくしたい．企業が利潤を最大化するように生産量を決定する条件は，

　　　　価格＝限界費用

である．これを企業の**利潤最大化条件**という．限界費用については前節で学習したとおり，生産量を新たに1単位増やすことによる費用の変化分である．価格は商品1個の販売価格であると同時に，新たに1個販売したことによって得られる収入でもある．したがって，価格から限界費用を差し引いた値は，生産量を1個増やすことによるもうけに相当する．これを**限界利潤**という．

限界利潤がプラスであれば，企業は増産することでさらに大きな利潤をあげることができるので，生産量を増やす．反対に，限界利潤がマイナスであれば，企業は増産することで損失が生じてしまうので，生産量を減らす．したがって，企業は限界利潤がゼロとなるように生産量を決める．

【ドリル8.3】 (2)で求めた限界費用関数 $MC=4x$ を用いて，利潤最大化を実現する生産量を説明することにする．価格 $P=200$ であるとき，企業の利潤最大化を実現する生産量は，次のように求めることができる．

企業の利潤最大化条件より，

$$価格＝限界費用$$
$$200=4x$$
$$x=50$$

したがって，企業が利潤最大化を実現する生産量は50である．

タテ軸に P, MC を，ヨコ軸に x をとり，価格と限界費用のグラフは次のページのように描くことができる．

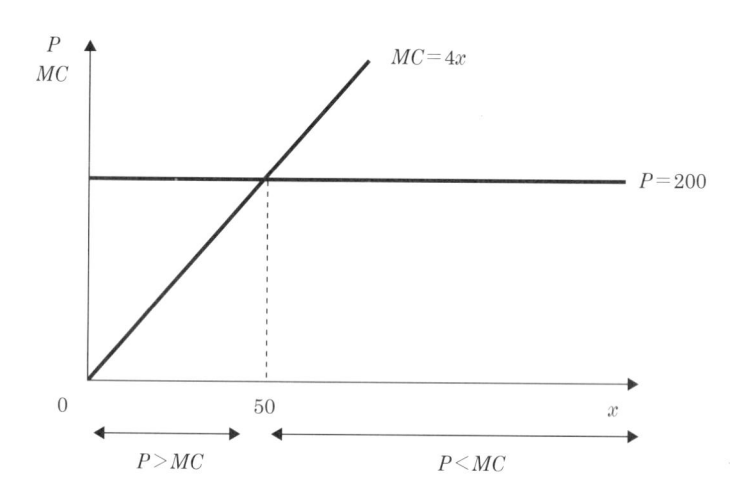

生産量が 50 より小さい時は，$P > MC$ なので，企業は生産量を増やす．
生産量が 50 より大きい時は，$P < MC$ なので，企業は生産量を減らす．

【ドリル 8.4】

以下のように価格 P と限界費用 MC が与えられているとき，企業が利潤最大化を実現する生産水準を求めなさい．ただし，生産量は正の値をとる．

(1) $P = 600$ $MC = 12x$
(2) $P = 30$ $MC = 3x^2 - 12x + 15$
(3) $P = 10$ $MC = 2x^2 - 32x - 118$
(4) $P = 128$ $MC = x^2 - 7x + 8$
(5) $P = 60$ $MC = 3x^2 - 12x + 24$

【ドリル 8.4：解答】

(1) 企業の利潤最大化条件より,
$$P=MC$$
$$600=12x$$
$$x=50$$

(2) 企業の利潤最大化条件より,
$$P=MC$$
$$30=3x^2-12x+15$$
$$3x^2-12x-15=0$$
$$x^2-4x-5=0$$
$$(x-5)(x+1)=0$$
$$x=5, -1$$
$x>0$ より, $x=5$

(3) 企業の利潤最大化条件より,
$$P=MC$$
$$10=2x^2-32x-118$$
$$2x^2-32x-128=0$$
$$x^2-16x-64=0$$
$$(x-8)^2=0$$
$$x=8$$

(4) 企業の利潤最大化条件より,
$$P=MC$$
$$128=x^2-7x+8$$
$$x^2-7x-120=0$$
$$(x-15)(x+8)=0$$
$$x=15, -8$$
$x>0$ より, $x=15$

(5)　企業の利潤最大化条件より，
$$P=MC$$
$$60=3x^2-12x+24$$
$$3x^2-12x-36=0$$
$$x^2-4x-12=0$$
$$(x-6)(x+2)=0$$
$$x=6,\ -2$$
$x>0$ より，$x=6$

参考文献

伊藤元重（2003）『入門　経済学　第2版』日本評論社
経済法令研究会（2005）『ERE［経済学検定試験］問題集　2005年12月受験用』経済法令研究会
越田年彦（2002）『たとえと事実でつづる経済12話』山川出版社
資格試験研究会（2005）『スーパー過去問2　ミクロ経済学』実務教育出版
資格試験研究会（2006）『スーパー過去問2　マクロ経済学』実務教育出版
資格試験研究会（2006）『国家Ⅰ種〈専門試験〉過去問500』実務教育出版
資格試験研究会（2006）『国家Ⅱ種〈専門試験〉過去問500』実務教育出版
福田慎一・照山博司（2005）『マクロ経済学・入門　第3版』有斐閣

索　引

【ア行】

IS 曲線　*101*
アブソープション　*41*
インフレギャップ　*73*
売りオペレーション　*113*
LM 曲線　*127*

【カ行】

買いオペレーション　*113*
外生変数　*141*
可処分所得　*12*
貨幣供給関数　*115*
貨幣市場　*123*
貨幣需要関数　*117*
貨幣乗数　*114*
可変費用　*178*
完全競争　*157*
完全雇用国民所得　*72*
完全情報　*157*
基礎消費　*12*
基礎消費乗数　*45*
基礎輸入　*36*
基礎輸入乗数　*67*
供給　*147*
供給関数　*147*
供給の価格弾力性　*152*
均衡価格　*154*
均衡国民所得　*18*
均衡数量　*154*
均衡予算乗数　*54*
均衡利子率　*123*
経済　*2*
経常収支　*41*

限界効率　*82*
限界効用　*202*
限界収入　*215*
限界消費性向　*12*
限界費用　*177*
限界評価関数　*170*
限界輸入性向　*36*
限界利潤　*229*
現金・預金比率　*113*
公開市場操作　*113*
公定歩合　*113*
公定歩合政策　*113*
効用　*201*
効用最大化　*209*
国内総生産　*2*
国民所得　*7*
国民総生産　*2*
固定費用　*218*

【サ行】

最終財　*2*
最終生産物　*2*
財市場　*18*
参入・退出の自由　*157*
GNP　*2*
資産動機　*117*
市場均衡　*154*
市場メカニズム　*157*
実質マネーサプライ　*115*
GDP　*2*
社会的余剰　*184*
奢侈品　*145*
自由貿易　*163*

収入関数　*214*
需要　*136*
需要関数　*136*
需要の価格弾力性　*142*
乗数　*42*
消費者余剰　*171*
商品の同質性　*157*
信用創造　*108*
生産者余剰　*178*
政府支出乗数　*50*
総供給　*2*
総需要　*12*
総費用　*218*
租税乗数　*53*
粗付加価値　*2*
粗利潤　*178*

【タ行】

多数の売り手と買い手の存
　　在　*157*
中間財　*3*
中間生産物　*3*
デフレギャップ　*78*
投資乗数　*43*
投資関数　*88*
投資の限界効率表　*83*
投資の利子弾力性　*92*
独立投資　*89*
取引動機　*117*

【ナ行】

内生変数　*141*

【ハ行】

ハイパワード・マネー　113
非自発的失業　78
必需品　145
ビルトインスタビライザー　31
プライステーカー　157
平均費用　224

【マ行】

マネーサプライ　113
マネタリーベース　113
無限等比級数　109
無差別曲線　205

【ヤ行】

輸出乗数　64
輸入関数　36
預金準備率　108
預金準備率操作　114

【ヨ】

予算制約　194
予算線　194
予備的動機　117
余剰概念　170
45度線　8

【ラ行】

利潤最大化　229

【ワ行】

割引現在価値　97

■著者紹介

佐々木　謙一　（ささき　けんいち）

 1971 年　　埼玉県生まれ
 2004 年　　大阪大学大学院経済学研究科　博士後期課程修了
 現　在　　大阪商業大学総合経営学部　専任講師
 　　　　　博士（経済学）
 専門分野　公共経済学　財政学

経済学の基礎学力
―学びはドリルからはじまる―

2007 年 5 月 16 日　初版第 1 刷発行

■著　者——佐々木謙一
■発 行 者——佐藤　守
■発 行 所——株式会社 大学教育出版
    〒700-0953 岡山市西市 855-4
    電話（086）244-1268　FAX（086）246-0294
■印刷製本——モリモト印刷㈱
■装　　丁——ティーボーンデザイン事務所

Ⓒ Kenichi SASAKI 2007, Printed in Japan
検印省略　　落丁・乱丁本はお取り替えいたします。
無断で本書の一部または全部を複写・複製することは禁じられています。
ISBN978－4－88730－760－5